Chuva Miúda

Carlos Schlesinger (org.)

Chuva Miúda
Crônicas

Garamond

Copyright © 2011, Carlos Schlesinger

Direitos cedidos para esta edição à
Editora Garamond Ltda.
Rua da Estrela, 79 sala 302, Rio Comprido
Rio de Janeiro – Brasil Cep: 20.251-021
Telefax: (21) 2504-9211
e-mail: editora@garamond.com.br

Preparação e Revisão
Carmem Cacciacarro

Capa
asdesign

M136c
Machman, Flora, 1921-
Chuva miúda : crônicas / Carlos Schlesinger (org.). - Rio de Janeiro : Garamond, 2011.

ISBN 978-85-7617-216-1

1. Machman, Flora, 1921-. 2. Jornalistas - Brasil - Biografia. 3. Crônica brasileira. I. Schlesinger, Carlos. II. Título.

11-3532.   CDD: 869.98
                                                         CDU: 821.134.3(81)-8

Todos os direitos reservados. A reprodução não autorizada desta publicação, por qualquer meio, seja total ou parcial, constitui violação da Lei nº 9.610/98.

SUMÁRIO

Apresentação, 9
F.M. vista por F.M., 21
Flora Schlesinger, uma mulher universal, 23

PRIMEIRA PARTE

Pela criança brasileira, 27
Cinismo, 29
Ao magnífico reitor, 32
A lição do jazz, 33
Bolsa perdida, 35
Costa Pinto, 37
Morte de Marte, 40
Contra a Fab, 42
Os nazistas invadem o Brasil, 45
Nazista atrevido – editorial da *Folha da Manhã*, 50
Soldados de Israel, 51
Monsieur Verdoux, 53
O monge, 56
O mau ladrão, 58
Frevinho em maior, 60
Carta a um "crítico", 62
Já vou tarde, 65
Viajantes, 67
À margem do Sena, 69
A morte das fadas, 71
No dia do papai, 73
Em nome da Arte, 75
Humor, 77
Arnaldo, 79

SEGUNDA PARTE

Estreia, 83
Holanda, 84

Delírio, 86
Oferenda, 88
Cá e lá, 90
O dia de hoje, 92
Rachel de Queiroz, 94
Um cruzeiro forte, 95
O homem das petecas, 97
O moinho, 98
Casinha pequenina, 100
Itacurussá, 101
Reforma agrária, 103
Num museu, 104
A capital do mundo, 105
Paixão fatal, 107
Leda e os patos, 109
Pólio, 111
O grande ausente, 113
Maria, 115
Um rei, 117
O outro Recife, 119
Desfastio, 121
Tragédia, 123
Eichman, 125
Amanhã, 127
Os fins, 129
Na hora, 131
Seu Álvaro, 132
Coragem, 134
Portinari, 136
Aula de russo, 137
Neruda, 139
Papoula vermelha, 141
Cecília Meireles em São Paulo, 142
Sobre Cecília Meireles, 144
Renúncia, 145
Uma redação, 147
Viva o Brasil!, 149
A arte de vender, 150
"Seu" Mané, 152
Edith Piaf, 153

Sobre Chico Anísio, 154
Amália Rodrigues, 155
Um emprego, 156
O craque e as crianças, 158
Outros carnavais, 159
Depois do carnaval, 161
A Florêncio Gonçalves, 163
De pernas para o ar, 165
Como ela gosta, 167
Salvador, 169
Só para ti, 171
Pelé, 173
A Seleção de Ouro, 175
Deixa passar, 177
Evandro Gueiros Leite e Osvaldo Lima Filho, 178
Érico Veríssimo, 180
Código dos filhos, 181
Acredite quem quiser, 182
Carré de porco romântico, 183
A falta do dinheiro, 184
Carta, 186
Rubirosa, 187
Fim de semana, 189
Lacerda, ora essa..., 191
Se eu te amasse, 193
O meu amor por ti, 195
Notícias de Cecília Meireles, 197
Prática, 199
Não faça isso, Brigitte, 200
Sem gás, 202
O banhista perneta, 203
Ari Barroso, 204
A neta do vovô, 206
Para João Havelange, mulher e filhos:, 207
João Havelange, 208
Fervura, 210
O padre e o pastor, 211
Voz de metal Rosicler, 213
Primeiro de abril, 215

Secos e molhados, 217
Mulher no Ministério, 218
Lágrimas para D. Hélder, 220
Aniversário de Manuel Bandeira, 222
Brigitte volta a seus pagos, 223
Um homem feliz, 225
Nelson Pereira dos Santos, 227
De forno e fogão, 228
Os três tentos de Vavá, 230
Paulo VI e os judeus, 232
O satânico Ian Fleming, 234
Os cinquenta anos da CBD, 236
Perfeição, 238
O monoquíni, 239
Cada quar no seu cada quar, 241
No restaurante lá de cima, 242
O Sol, 244
Arco-íris na cabeça, 245
Cartas caríssimas, 247
Guiomar Novaes, 248
Meu querido Álvaro Moreyra , 250
Despejo no fim da vida, 251
Do Cometa, 252
Será que elas gostam mesmo?, 254
Antônio Maria, 255
Eu também, 256
Cecília Meireles e Lavoisier, 257
Pesar por Cecília Meireles, 259
Pipocas, 260
Verão, 262
Córneas alheias, 263
Churchill, 264
De boca em boca, 265
Domingo de Carnaval, 266
Entrevista com Sherlock, 267
Balada em louvor do charuto, 270
As previsões, 271

Apresentação

À margem do Capibaribe e do Sena

Sheila Kaplan

"Jornalista, bacharel nordestina e pernóstica romântica". Assim Flora Machman, uma das primeiras mulheres a obter registro na função de jornalista em Recife, definiu-se em texto autobiográfico. Nessa crônica, "F. M. vista por F. M.", publicada em 1963 no *Jornal do Comércio* do Rio de Janeiro, ela dizia ainda: "Adoro cocada. Foi uma das coisas que mais senti falta, em Paris. Da cocada queimada e molhada". Nesse trecho, a jornalista resumia, de forma leve, uma das marcas mais presentes na sua vida (e em seus escritos): a paixão pelo Recife onde nasceu e a "Europa dos meus amores", a primeira alimentada pelas frutas, os cheiros da infância; a segunda, pela índole cosmopolita expressa em precoce erudição.

Flora nasceu em 26 de julho de 1921. O avô, David Berezovsky, judeu russo, vinha de Mogilev-Podolsky, na Ucrânia, fronteira com Bessarábia, onde era o proprietário, diretor e professor do *cheder*, escola judaica local. Teve quatro filhas: Clara, Ester, Rivka e Ana, que viria a ser a mãe de Flora. Professora na escola do pai, Ana tinha grande cultura e falava seis línguas. Ainda na Rússia, antes da Revolução de 1917, casou-se com Isidoro Machman, um jovem que era também professor do *cheder*. A vida seria difícil para os recém-casados, pela escassez de recursos e pela Revolução Soviética, que se avizinhava. Na esperança de melhores condições, e impedido pelo sogro de consumar o casamento até que tivesse emprego estável, Isidoro escreveu a um tio, em Recife, e, depois de verdadeira saga entre um campo de refugiados na Suécia e empregos temporários nos Estados Unidos, chegou ao Brasil. Só trouxe a esposa anos depois.

Nessa cidade, abriu uma loja de moda, A Capa Moderna, localizada na rua da Imperatriz, que se tornou bastante conhecida. Líder sionista, porém não ortodoxo (contrariando os preceitos religiosos, não dispensava a carne de porco do cardápio), era uma espécie de comerciante-filósofo. Gostava de ficar defronte da loja, conversando com os conhecidos que passavam pela calçada e que lhe pediam conselhos.

Na mesma rua da Imperatriz – onde também morava a família de Clarice Lispector, nascida um ano antes de Flora – funcionava a livraria Imperatriz, fundada em 1930 pelos irmãos Jacob e Salomão Berenstein, que se tornaria uma referência cultural da cidade. Sua tia, esposa de Salomão, desempenhou papel importante na vida da jornalista. Foi Rivka Berenstein, a tia "Revequinha", como Flora a chamava, que lhe apresentou, ainda cedo, clássicos da literatura, como Dostoievski, Tolstoi, Voltaire e tantos outros. Embora de temperamento extrovertido, uma imagem sempre evocada pela irmã Pnina, a Nina, era a da adolescente, deitada de bruços na cama, lendo e escrevendo. O outro irmão, José, que adulto emigraria para Israel, era conhecido na infância pelo apelido "Vaca Braba".

Flora cursou o Ginásio Pernambucano, fundado em 1825, que ficava na rua da Aurora, à beira do rio Capibaribe. Em muitas crônicas a aluna "das mais endiabradas" lembrou o casarão, a "horrenda farda cáqui", os mestres queridos, como Alcino Coelho, padre Cabral, o afável Dr. Antônio Clementino Carneiro da Cunha e Aníbal Fernandes, apelidado pelos estudantes de "Monsieur n'est-ce-pas?".

A escola era frequentada por muitos jovens judeus pernambucanos, entre eles as irmãs Lispector, o futuro matemático Leopoldo Nachbin e o primo-irmão Israel Schachnik. Lá, como contaria mais tarde, ela aprendeu a detestar "os cacófatos e as malandragens, as sujeiras do estilo e as sujeiras da vida". Em uma crônica publicada em 1948 na *Folha da Manhã*, renderia homenagem ao padre Cabral, um de seus mestres queridos, a despeito do ar brabo e do vozeirão enorme. "Naturalmente propenso para a direita, jamais pronunciou-se por este ou aquele partido, não protegeu ou perseguiu aluno de credo diverso do seu. Nem mesmo nos tempos em que era de bom-tom ser anti-judaico e fascista", escreveu a cronista.

A morte do diretor do Ginásio Pernambucano e professor de História Natural, Costa Pinto, também lhe inspira texto, que publica no *Diário da Noite*. Ela conta como o lente de Biologia implantou a disciplina no colégio do governo – "suspendeu malandro muito, expulsou vagabundo muito (...) acabou com a tal história de se chupar rolete de cana, de lanchar empadinhas e pastéis de tabuleiro".

Em 1939, Flora entra na Faculdade de Direito do Recife. "A presença feminina na faculdade, então, era excepcional. Além dela, havia apenas duas outras mulheres", recorda Luiz Rafael Mayer, futuro Ministro do Supremo Tribunal Federal. Da mesma turma, que se formou em 1943, faziam parte, ainda, Djaci Falcão, Evandro Gueiros Leite, Eraldo Gueiros, Evaldo Machado Maia, Gilberto Lopes de Morais, Carlos Martins Moreira, Evaldo Manuel Machado, Luís Beltrão, Osvaldo Lima Filho e Hélio Bello Cavalcanti, que foi um de seus melhores amigos. Flora, no entanto, jamais advogou. "Naquela época, o curso de Direito era o caminho de quem pretendia seguir carreira intelectual. Grandes poetas e jornalistas, além de bacharéis e juristas, passaram pela faculdade", observa Mayer, que foi o orador da turma que formou vários ministros.

Flora escolheu o jornalismo. Quando começou a assinar, em 1948, a coluna "Chuva Miúda", na edição vespertina da *Folha da Manhã*, fazia-se notar a vontade de intervir com seus textos no meio social. Muitas vezes, fazia do jornal sua tribuna, provável herança trazida da Faculdade de Direito. Em crônica endereçada ao magnífico reitor dessa faculdade, por exemplo, pedia a retirada, "em nome da Tradição ofendida, da Estética humilhada", de um reclame de refrigerante afixado à janela do prédio. Denuncia que "morrem no Brasil, de dois em dois minutos, crianças, crianças, CRIANÇAS!". Passa um pito no prefeito que mandou derrubar, na praia do Flamengo, tudo que era árvore nacional. Em outra carta aberta, dessa vez tendo por destinatário o dr. Pessoa [F. Pessoa de Queiroz, fundador do conglomerado que incluía o *Jornal do Commercio* e o *Diário da Noite*], pede a permanência de músicos italianos ameaçados de deixar Recife por falta de condições financeiras. Insinuando-se por terreno mais explicitamente político, ironiza o aumento de subsídios dos parlamentares conferido pelos próprios. "Ai, se a gente pudesse, já não digo aumentar tanto, mas 'dar um jeito' nos próprios honorários...", comenta. E revolta-se ante a presença em Recife de um "nazista atrevido", um imigrante francês "afoito e pernicioso", a quem inadvertidamente convidara para um chá em sua casa e que, ao descobrir que a anfitriã era judia, cospe no chão da sala.

Neste período, além de escrever a coluna "Chuva Miúda", dirige a página feminina do suplemento dominical da *Folha da Manhã*. Vive intensamente o jornalismo. Gosta de ir até o jornal, para acompanhar a diagramação de seus textos e conviver com os personagens desse universo. Como o linotipista Próspero, que, diz ela, aludindo ao personagem de *A tempestade,* de Shakespeare, e ao nome da seção que assina, suporta bem suas tempestades, e o repórter policial Paulo Viana, o "Chupa-Sangue", que surge na redação "resfolegante, esbaforido, todo suado".

A coluna serve também para comentários sobre espetáculos, palestras, filmes. Entre os filmes, Flora fala de *Roma cidade aberta,* de Roberto Rosselini, *A bela e a fera,* de Jean Cocteau, e *Monsieur Verdoux,* de Charles Chaplin. Registra a montagem de *A casa de Bernarda Alba,* de Garcia Lorca, pelo Teatro de Amadores, e de *Othelo,* de Shakespeare, pelo Teatro do Estudante, com direção de Hermilo Borba Filho. Comemora a notícia de que a declamadora argentina Berta Singerman virá ao Recife. Seu empenho pela valorização da cultura na cidade é reconhecido. "Flora Machman, advogada e uma das poucas moças no Recife que gostam de teatro e o estudam", lê-se, em nota não assinada, no *Diário de Pernambuco,* em 1948. O crítico J. C. de Araújo, ao passar em revista os suplementos de domingo, escreve no *Jornal do Commercio* sobre a cronista: "Essa senhorita já está desbancando muito velho calejado já no ofício de escrevinhador e, afora certos personalismos, apresentou-se em muito boa forma, espirituosa, culta e revelando talento de verdade".

Junto ao reconhecimento, Flora ganha uma bolsa para estudar em Paris. No caderno de capa dura, em que cuidadosamente colecionou suas crônicas e reportagens, ela cola a notícia publicada no *Jornal do Commércio* e na *Folha da Manhã,* em março de 1949. "Contemplada com uma Bolsa de Estudos pelo governo francês, deverá seguir para Paris, ainda este mês, a dra. Flora Machman, nossa companheira de redação, que irá fazer um curso de Economia Política e Finanças, na Sorbonne. Militante da imprensa local e do sul do país, a dra. Flora Machman tem se destacado nos meios literários do Estado colaborando em numerosos órgãos da imprensa local", noticia a *Folha*.

Em 17 de fevereiro de 1949, Flora assina contrato como "correspondente na Europa" do *Jornal do Commercio* e do *Diário da Noite*, para os quais deverá enviar seus artigos e reportagens. Ainda antes de embarcar, a cronista, eufórica – ela que, antes de ganhar a bolsa, escrevera, no *Diário da Noite,* comentando a viagem de uma amiga: "Ah, que me importava morrer num quadrimotor, contanto que estivesse de viagem para a Europa..." – escreve várias crônicas sobre o assunto. Em "Frevinho em maior", por exemplo, diz: "Chega de me ensinarem como é Paris, como é a Europa dos meus sonhos". Ao mesmo tempo, já adivinha as saudades que irá sentir: "Adeus Recife (...) Adeus, água de coco, adeus, minha jaca mole, adeus!".

A perspectiva da viagem aguça seu nacionalismo. Orgulhosa de sua origem – "Eu sou daqui mesmo, do bairro da Boa Vista, nascida e criada à sombra dos coqueirais e com doce de jaca dura" – confessa, às vésperas da partida, no *Diário da Noite*: "Sinto aumentar um nacionalismo que seria feroz se não fosse inocente, sem vontade de agredir nem ofender ninguém".

É uma Flora mais provocadora do que nunca esta que se prepara para conhecer o exterior. Em "Carta a um 'crítico'", na coluna "Chuva Miúda" de fevereiro de 1949, endereçada a Jerônimo Colaço de Magalhães, desculpa-se pela pose, "o jeito de catedrática do interior que conhece a capital e já andou de bonde", e promete: "Mas, mestre, mas professor, se agora é que eu vou trovejar mesmo, com chuva de pedra, granizo e tudo! Diretamente de Paris, em muitas colunas, com manchetes! Talvez me deem até primeiras páginas!". O que, de fato, ocorreu – muitas de suas reportagens ocuparam páginas inteiras dos jornais.

Para Reinaldo Camara, antigo colega do Ginásio, do Curso Complementar e da Faculdade, e mais "de tertúlias literárias, de discussões macunaímicas, de batente de jornal", que a acusara de arranjar uma briga literária antes de partir, ela responde com a crônica "Já vou tarde!": "quem foi que lhe disse que eu queria uma briga apenas literária? Eu quero é barulho mesmo, no duro, engoli uma lata inteira do espinafre de Popeye. Então... quero briga, briga, muita briga!".

Nesse espírito, segue para a França, de onde enviará crônicas, reportagens e críticas, "pelo Bandeirante da Panair", como aparece sempre no cabeçalho. Na primeira crônica, "Do Recife a Paris", de 1º de abril de 1949, narra com detalhes a travessia "no gigantesco avião da KLM, o Flying Dutchman", que a leva do aeroporto de Guararapes a Paris, com escala em Dakar, Casablanca, Lisboa e Genebra. Nos dias seguintes, contará aos leitores de passeios (à Catedral de Chartres, aos castelos do Loire, a Vendeia descrita nos romances de Alexandre Dumas pai etc.) e também do clima pós-guerra que encontra na Europa. "Dizem que as coisas melhoraram muito, nestes últimos seis meses. Há pão, há manteiga, há carne, há frutas, há açúcar, há café. Há câmbio negro também, mas isso não tem importância. Os europeus já se acostumaram com as vicissitudes da vida", constata.

Em Paris, hospeda-se no Grand Hotel Saint-Michel, de madame Salvage, na rua Cujas, "simples hotel para estudante na pindaíba". Lá conhece Jorge Amado, cuja generosidade louvará em futuras crônicas. "Qualquer brasileiro que batia à sua porta, ficava logo sócio da goiabada, da bolacha Maria", relembraria. E a dura madame Salvage, ao despedir-se do escritor brasileiro, que era a estrela e a glória do seu hotel, "chorou que só menino pequeno obrigado a dormir antes da festa acabar".

Em Paris, Flora conhece artistas e intelectuais do mundo inteiro. Entrevista o ator Pierre Blanchar, que conversa com ela "como se eu fosse sua velha conhecida". Refeição no restaurante Indochines com Pablo Neruda e Nicolas Guillen, à beira do Sena, descobre que o poeta chileno, "iniciado" num boteco carioca, adora a cachaça brasileira. Na Cinémathèque Française, encontra a colônia brasileira de estudantes do Quartier Latin, entre eles, Nelson Pereira dos Santos, "muito discreto e boníssimo". No Palais de Chaillot, assiste ao recital da cantora Marian Anderson.

Flora busca transmitir o "cheiro típico, cinzento, adocicado" da Europa. Seus textos agradam em cheio aos leitores, como o veterano jornalista Silvino Lopes, da *Folha da Manhã*, dá a saber no texto "O café e a crônica". Lopes conta que, antes mesmo de tomar seu café da manhã, busca a crônica de Flora, no alto da página traseira do *Jornal do Commercio*. "A cronista falava de Paris, das 'brumas em que o inverno agora envolve a Europa'. Eis aí um exemplo de prosa-poética. (...) Flora Machman está nos deslumbrando. E digo isto sem susto, porque avançado em anos, mais barbado do que um rabino, com a cabeça que só dá neve, não poderei passar como galanteador", elogia. Em coro com o jornalista, o leitor Carlos de Vasconcelos Gomes relata: "Li todas as notas de viagem que você (permita o tratamento) enviou da Europa. Deliciosas notas. A julgar por elas, você, apesar do seu nome um pouco atrapalhado, é brasileira mesmo".

Permanece pouco mais de um ano em Paris e, na volta, assume a coluna "Registo", no *Jornal do Commercio*. "A gente passa a vida na província, sonha com terras desconhecidas, familiares apenas pelas páginas de romances e fitas de cinema. (...) Mas chega um dia e a gente tem de voltar. Para casa, para as mangueiras, para os coqueirais que se agitam brandamente, para o Carnaval, para a crônica diária que hoje se inicia". Os dias intensamente vividos em Paris ainda se farão presentes nessas crônicas, disputando espaço com o cotidiano em Recife. Se em uma crônica recorda o hábito parisiense de passar o dia de calor em Fontainebleau, "para dar de comer às carpas gordas, centenárias, tradicionais", em outro texto descreve o passeio em "beliscada", caminhões que atravessavam Recife, "desconjuntados e aos solavancos, num estridor de lata velha".

Sente uma "saudade louca de Paris", ao mesmo tempo em que reconhece que a província pode ser áspera, como o cheiro do melaço, "mas é boa, é doce, é terna". Reivindica de sua coluna, em nota dirigida a José Césio, da Diretoria de Documentação e Cultura, uma presença maior da paisagem pernambucana no escritório da Panair do Brasil em Paris. "Nenhuma vista do Recife, nenhuma fotografia das belas praias, do Capibaribe, das pontes, das igrejas, das feiras, dos cactus, dos coqueiros, dos arranha-céus que enchem a Avenida Guararapes. Nada. Ali, o Recife não existe", reclama.

O tom de indignação se acentua quando sua mãe é levada presa ao discutir na loja com uma freguesa que, por azar, era aparentada do delegado. Flora não titubeia e endereça sua crônica ao próprio governador do estado, Dr. Barbosa Lima, denunciando a arbitrariedade.

Em 1950, mais uma despedida: "Adeus amigos, adeus colegas, adeus ó pontes sobre o rio dos meus amores, adeus areias brancas das praias, adeus coqueirais do meu Nordeste. Adeus cajueiros, adeus mangueiras, adeus refrescos de maracujá. Não mais terei a vossa sombra densa, perderei o gosto do vosso gosto. Adeus". Deixa a coluna "Registo" e se muda para o Rio de Janeiro, onde, em passeio pela praia de Copacabana, na companhia da mãe, conhecera o norte-americano Morris Schlesinger, criado no Brasil, com quem viria a se casar em 1950. O jornal noticia o noivado sob o título "A cronista sai": "Em lugar da habitual crônica da senhorita Flora Machman, o *Jornal do Commercio* publica hoje a notícia do seu noivado. Será que vamos perder a cronista?".

Os anos seguintes foram dedicados à família. Em 1951, nasce a filha Rose e em 1954, Carlos Roberto. Somente no início da década seguinte, de 1961 a 1965, Flora voltaria à crônica, agora no *Jornal do Commercio* do Rio de Janeiro, como titular da coluna "Registro" (nome que ganha um "r" nessa nova fase). Diferentemente dos primeiros tempos em Recife, agora os contínuos do jornal, dirigido por Isaac Akcelrud, iam buscar os textos em sua casa, na avenida Delfim Moreira, no Leblon.

A cronista, que já se definira como "tempestuosa" ao justificar a paixão por Beethoven, surge mais lírica do que combativa nesse período. As crônicas ficam mais curtas e abordam temas variados, de homenagens a personalidades brasileiras a instantâneos do cotidiano. Muitos textos são dedicados ao futebol: defende a "Seleção de Ouro", comenta os três tentos de Vavá, deslumbra-se com Pelé. Em algumas ocasiões, registra fatos marcantes da época, como, por exemplo, a tragédia do incêndio no circo de Niterói, em 1961. E mesmo dramas pessoais, como o momento em que fica sabendo que o filho caçula estava com poliomielite. Voltaria ao assunto outras vezes. "É brabo, este pequeno de olhos verdes, a quem uma poliomielite feroz respeitou a força e formosura", declarava em crônica de 1964.

Dentre as personalidades focalizadas — Rachel de Queiroz, Antonio Maria, Ari Barroso, Brigitte Bardot, Érico Veríssimo, João Havelange, Guiomar Novais, D. Hélder Câmara, Amália Rodrigues e Porfírio Rubirosa, entre tantas outras — uma ganha destaque especial: Cecília Meireles. Em várias crônicas, Flora declara sua imensa admiração pela poeta, com que se deparara, pela primeira vez, em sabatina na Faculdade de Direito, quando teve de discorrer sobre a autora do *Romanceiro da inconfidência*, e que anos depois se tornaria sua amiga. Em conferência sobre Cecília que faria no clube Monte Sinai, no Rio de Janeiro, a cronista diria do seu "respeito e assombro ante essa figura máxima das letras pátrias".

Se, nessa etapa, empalidece a vontade de intervenção na esfera pública que aparecia à época de sua estreia jornalística, vez por outra esse ímpeto ainda se faz presente. Ela sugere, em uma crônica, que se batize uma escola pública, na cidade, com o nome do poeta indiano Rabindranath Tagore. "Quando Carlos Lacerda era governador da Guanabara (...) numa de minhas crônicas para o *Jornal do Commercio*, pedi que a uma das escolas que se construíam fosse dado o nome de Tagore. Fui atendida. Pedi depois que Cecília Meireles fosse a oradora oficial e fui atendida, também. Isso tudo se prende a que a Índia e o mundo inteiro, naquele ano, em 1963, comemoravam o centenário do autor de *Gitangali*", contaria mais tarde.

Além da crônica, Flora também faz reportagens, não só para o *Jornal do Commercio*, como para as revistas *Manchete* e *Fatos e Fotos*. No periódico, escreve uma série de reportagens sobre o direito de autor, que vinha sendo discutido por ocasião da reformulação do Código Civil. Em uma delas, entrevista o jurista J. Guimarães Menegale, em outra, o escritor Jorge Amado, procurando debater o tema sob os "aspectos literário ou cultural, econômico e jurídico".

Recife, naturalmente, era outro assunto recorrente. Em viagem à cidade natal, reporta, com ironia, as transformações que encontra. "Venderam a casa do lado, vão fazer um edifício. O Recife se civiliza, acompanha o ritmo de Brasília. Ainda bem que não podem derrubar o Capibaribe, nem dividi-lo em lotes de vinte por quarenta", escreve em 1961. No mesmo ano, no Rio, acompanha o segundo Festival do Escritor Brasileiro e presta homenagem à conterrânea Clarice Lispector, "a maior figura feminina da literatura brasileira moderna" e a toda a delegação de escritores pernambucanos presentes: Ascenço Ferreira, Eneida e Audálio Alves, entre outros.

Apaixonada pela tradução, cria no *Jornal do Commercio* a seção "O conto estrangeiro", para a qual traduz autores como I.

L. Peretz, Anton Tchekhov, Michael Gold, Guy de Maupassant, Voltaire, Giovanni Boccaccio e Sholem Aleichem. Deste último autor, traduziu, ainda, *A paz esteja convosco*, livro lançado pela editora Perspectiva em 1966, e toda uma série de contos publicada na revista judaica *Aonde vamos*, dirigida por Arão Neuman, em comemoração ao cinquentenário de seu falecimento. Nos cadernos onde recortou e colou suas crônicas, algumas páginas trazem, em letra de forma, diferentes versões de traduções de poemas. Ocupou-se, entre outras, da tradução da poesia de Chaim Nachman Bialik e de sonetos de Shakespeare.

Em 1965 deixa o posto de cronista no *Jornal do Commercio* para acompanhar o marido, advogado, que vai trabalhar em São Paulo. Nos três anos em que irá morar nessa cidade, fará matérias como jornalista *free-lancer* para *Manchete* e *Fatos e Fotos*, além de tornar-se diretora de relações públicas do clube A Hebraica.

De volta ao Rio, assume, como Flora Schlesinger, a chefia de gabinete da Fundação Nacional do Índio, onde permanece de 1968 a 1970, ao mesmo tempo em que trabalha como assessora de imprensa do Escritório do Governo de Pernambuco na cidade. Em 1970 é empossada diretora do Museu do Índio, ficando no cargo até 1973. Começa também a ensinar história judaica em escolas israelitas, como Talmud Tora Hertzlia, na Tijuca. Sua amiga Sarita Fischberg, do grupo carioca da organização feminina sionista Wizo, de que ela também fazia parte, lembra que suas palestras faziam sucesso. "Além de muito boa oradora, ela tinha humor. Aprendíamos muito com ela", recorda. Intérprete do primeiro-ministro de Israel Menachem Begin, quando este veio ao Brasil, Flora vinculava-se ao judaísmo tradicional, não ortodoxo, e não era propriamente religiosa. "Somos agnósticos místicos", dizia de sua família.

Nas conferências, um dos temas preferidos era a Segunda Guerra Mundial. Não por acaso ela traduziu *O segredo Ultra* (editora Record), livro escrito pelo oficial do serviço secreto britânico F. W. Winterbotham, que conta como os ingleses conseguiram decifrar o código alemão. "Ela sabia tudo sobre a guerra, era quase uma estrategista militar", diz seu filho, Carlos Roberto.

Já tinha quase 80 anos quando escreveu *O cavalinho de cristal,* livro para crianças, ainda inédito. A vocação de contadora de histórias, que seus filhos conheceram na infância, não se apagara. Em 2002, quase 15 anos depois do marido, Flora morre. Na cerimônia fúnebre realizada em sua homenagem, foi dito: "Amava a vida e a vida a amava. Entendiam-se, ela e o universo".

F. M. vista por F. M.
Flora Machman

Jornalista, bacharel nordestina e pernóstica romântica, F. M. responde hoje à indiscrição da nossa reportagem.

– Adoro cocada. Foi uma das coisas que mais senti falta, em Paris. Da cocada queimada e molhada.

– Tenho um medo pânico de trovão. De chuva, não. Na rua, sob um guarda-chuva amigo ou dentro de um cinema ou uma casa de chá, um dia assim me faz bem.

– Tenho paixão por sapatos. De salto alto, de salto baixo, fechados ou abertos, todos merecem meu carinho. Dou a meus pés o que eles merecem.

– Só bebo vinho, licor e poesia.

– Uma das minhas predileções é escutar que sou uma deusa aorista, que tenho o mar nos olhos e que Pelé acaba de fazer mais um "gol".

– William Holden calado e Frank Sinatra cantando são, verdadeiramente, bárbaros, tártaros, visigóticos.

Na literatura aprecio Shakespeare, Racine, Molière, Ronsarti, Bocage, Camões, Cecília Meireles, Manuel Bandeira, Graciliano Ramos, Jorge Amado, Eça de Queirós e o mágico Rubem Braga. E Estanislaw Ponte Preta.

Tenho pavor a bossas, novas ou velhas. Gosto de música que fala à minha sensibilidade, e não à reportagem das revistas de rádio.

– Sou uma ardente patriota e quero viver e morrer no Brasil.

– Seria lindo dizer que aprecio viajar, mas enjoo muito. Viajo melhor sem sair do lugar.

– Gosto de danças, de comer galinha, de sobremesas, de ir ao teatro, ao cinema, aos concertos, de ir à praia e de comprar.

Comprar é minha maior alegria. Seja lá o que for, de abóbora a perfume francês.

– Sobre perfumes? De Guerlain e Caron.

– Beethoven é meu deus e meu senhor. Depois Brahms, Schumann, Scarlatti, Vivaldi e Debussy.

– A vida sem amor é uma coisa atroz. O amor transfigura, torna mágicos os dias e as noites. As tardes inclusive.

– De quem mais gosto no mundo? De ti...

Flora Schlesinger, uma mulher Universal

Carlos Roberto Schlesinger

Este livro é para minha mãe e representa meu desejo de que seja eternizado naquilo que ela mais apreciava – o livro – um pouco de sua fulgurante passagem pela vida. Adapto aqui a manifestação que fiz por ocasião da celebração dos 30 dias de seu falecimento, por achar que este texto reflete bem quem foi D. Flora.

Como Pelé, que é o Edson também, D. Flora tinha duas identidades. Ou mais. Talvez muitas mais. A D. Flora, a Dra. Flora, vocação de funcionária pública, a pernambucana, a judia, a morena de olhos verdes da juventude, retratada maldosamente, pelo enciumado Gastão de Hollanda, em *Os escorpiões*.

De minha mãe, da Flora mãe, não desejo falar. Já falei muito e a ela mesma fiz ver que o complexo edipiano era invertido: ela tinha complexo de Jocasta, isso sim. E ela ria, às gargalhadas.

Nada no mundo jamais valerá a milionária herança que me deixou, a do amor aos livros, às letras, às frases e a de ser um razoável "*causeur*". O resto, como dizia, são as coisas que o dinheiro compra e, portanto, coisa que qualquer um pode ter. Ou não.

Por ocasião do ritual do enterro, o rabino Margulies pediu, a mim e à minha irmã Rose, que descrevêssemos Flora. Quem a conheceu sabe da dificuldade da tarefa que nos foi solicitada. Descrever Flora é coisa impossível. A única pessoa que poderia fazê-lo é aquela hoje lembrada e que, à sua maneira, resolveu a questão sozinha, como se vê no texto intitulado "FM entrevista FM", publicado no *Jornal do Commercio*.

Sem dúvida, sobre todas as coisas e sobre grande parte das pessoas a minha mãe gostava de si e proclamava isto aos quatro ventos, sem falsos pudores ou modéstia. Não que isto significasse exacerbada idolatria. Também amava os pássaros, o mar, o Recife, o Rio de Janeiro, Paris, sua família, seus amigos. Amava a literatura. Amava o povo judeu e odiava os que lhe faziam mal. Malditos, vociferava, declinando-lhes a origem.

Amava os colares, os brincos e os sapatos. Estranhamente, amava o futebol, e nunca entendi na verdade esta paixão, que herdei. Amava as noites e as tardes de Teresópolis, em cuja contemplação, menino, muitas vezes a surpreendi, olhando para o nada, sem dizer palavra e certamente exercitando sua prodigiosa mente. Também nesses momentos, ainda criança, julguei-a mal, quando voltava da feira ou de qualquer outro lugar e a via olhando para o mar por longos momentos, antes de começar a escrever à máquina a crônica do dia seguinte.

Quando o jornal chegava, pensava, com horror, que tinha mãe mentirosa. Pois a cena que eu assistira no dia anterior, cotidiana e prosaica, como a compra de um quilo de chuchu ou cenoura, ali se encontrava descrita com todas as cores do imaginário, rica de detalhes, diálogos e preciosidades literárias que eu não vira, nem percebera.

Flora amava a vida sobre todas as coisas, e o fez até o fim. Nos maus momentos, nunca permitiu que o abatimento tomasse conta de seus filhos ou que a tristeza tomasse conta de sua casa. Se ela mesma se abatia, nunca saberemos. A explosão de força e vida que dela se originava, muitas vezes, poderia ser confundida com ira ou angústia, mas nada mais era que saudável e oportuna reação aos infortúnios e à tristeza. A sua opção era pela luta e, se a vitória não foi constante em sua vida, tampouco chorou suas derrotas.

Amava a vida e a vida a amava. Entendiam-se, ela e o universo. De que maneira, não sei. Talvez pela palavra, talvez pelo espírito que traduziu em textos sutis, irônicos, combativos, inteligentes, bem ou mal humorados, leves ou pesados, de acordo com a inspiração ou o momento.

De minha mãe quero guardar isto, a imensa riqueza que nos legou, a seus familiares e amigos: a força, o espírito, o amor à vida e a alegria de viver, e sua maior fortuna, incomensurável, a cultura universal, que é marca do povo ao qual pertencia com orgulho.

Em vez de pranteá-la, exalto a sua memória e cumpro, modestamente, o preceito do mandamento de honrar pai e mãe.

PRIMEIRA PARTE

Coluna Chuva Miúda, *Folha da Manhã*
Recife - Paris, 1948-1950

Pela criança brasileira

Povo do Recife, moços e velhos, pobres e ricos, solteiros e casados, de todos os credos, de todas as raças, de todas as cores, escutai: morrem no Brasil, de dois em dois minutos, crianças, crianças, CRIANÇAS! De dois em dois, perde o país um cidadão, de dois em dois minutos u'a mãe fica de luto.

Recifenses felizes, sabei: há crianças em nossa abençoada terra, onde "plantando tudo dá", que jamais viram outra gota de leite que não o esquálido soro materno, ralo e insuficiente. Bebês que morrem à míngua, como nos dramalhões que os requintados repudiam por exagerados. Como pode ficar tranquila a consciência e repleto o estômago se, toda vez que o ponteiro anda, ceifa uma vida em botão?

Ficamos tão alegres, tão amáveis, ao ver garotos sadios, gordos, limpos. " – Deus te guie, Deus te abençoe!" Mas que fazemos, a não ser desviar a vista, ofendidos, arrepiados, ante os famintos seres que nos incomodam com a deselegância da sua desgraça?

Concidadãos, pernambucanos, irmãos, basta de indiferença! Tenhamos piedade de nós mesmos, é o nosso povo que sucumbe! Façamos algo de concreto, de real, de positivo para livrar o Brasil dessa hórrida chaga, dessa mancha tenebrosa que é a mortalidade infantil. Deixemos para melhores dias os devaneios tropicais, os lazeres da negligência. Vamos levar alimento para os garotos que têm fome e não têm pão, não têm leite, não têm vida. Que morrerão como bichos sem dono, se não tivermos compaixão.

De que valem os parques infantis, os carrocéis, os balanços, os mamulengos, os circos de cavalinhos, se as cirandas encolhem cada vez mais? Se de dois minutos u'a mãe fica de luto?

Vizinhos, amigos, patrícios, da Boa Viagem, de Casa Amarela, de Olinda, do Prado, da Madalena, da Cabanga, de Caxangá, do

Derbi, de Santo Amaro, de Tigipió, do Espinheiro, da Ilha do Deite, de Campo Grande, do Zumbi, de Iputinga, da Várzea, atendei: é o nosso sangue que se vai, é a Pátria que perece! Se não nos ajudarmos, quem nos ajudará?

Cinismo

Foi de se tirar o chapéu a palestra sexta-feira de noite proferida ao microfone da BBC no habitual programa oferecido aos ouvintes do Brasil. Obrigado pelas conjunturas da política exterior, o comentarista simplesmente perdeu a vergonha da cara. Senão, vejamos.

"Os judeus", declarou o homenzinho, "dedicam hoje em dia, virulento ódio à Grã-Bretanha e acusam-na de inimiga e sabotadora dos esforços sionistas. Esqueceram já, na sua curta memória, os benefícios que a Inglaterra tem trazido ao povo de Israel, abrigando-o nas Ilhas, protegendo-o, amparando-o, protestando contra o antissemitismo nazista e os *"pogroms"*? Ter-se-ão apagado da lembrança os feitos de Allenby, libertando a Palestina do jugo dos paxás turcos, a declaração Balfour, no ano de 1917, e a proclamação da necessidade de um Lar Nacional Judaico? Até o Mandato a Inglaterra quis entregar, mas os Estados Unidos não quiseram ficar com o doloroso encargo".

Primeiramente, esse negócio de abrigar os judeus nas Ilhas, de protegê-los, de ampará-los, seria ridículo se não fosse bem a marca dos tempos modernos, onde a mentira é a arma da diplomacia e o crime, fato que já deixou de ser odioso, desde a palavra de fogo do Senhor, "não matarás". Adonai, Deus de Israel, escuta o que diz um filho teu: a Inglaterra protestou contra os *"pogroms"*, contra as câmaras de gás, contra fuzilamentos em massa, contra a fabricação de sabão feito de gordura de homens, mulheres e crianças; contra a indústria de *abat-jours* confeccionados com pele de gente; contra a transformação de um ser, outrora humano, em cobaia, onde se faziam as mais tétricas experimentações; contra o trucidamento indiscriminado e injustificável de seis milhões de pessoas! Atende, Jeová, a Inglaterra mandou um papel, escreveu um artigo; dois artigos, dez artigos, protestou!

É tão velha, tão mórbida, tão cansativa já a rememoração da odisseia do povo eleito pela humanidade para a expiação do crime de todos nós! Desde que o mundo é mundo, existe um punhado de gente, dotados de defeitos, virtudes, vícios, qualidades, que não são maiores nem menores do que as de outrem, pois são comuns à raça humana, que, no dizer do americano Thomas, é estúpida e de progresso muito lento. Houve uma, dentre as inúmeras guerras, e os judeus perderam-na, sendo, desde então, obrigados a peregrinar pelos quatro cantos de mundo, sem encontrar pouso certo. Se trabalham e enriquecem, são "os donos da rua da Imperatriz". Se não conseguem ganhar bastante dinheiro e apodrecem na pobreza, são os "galegos da prestação" ou os "agitadores comunistas". Acontece que rebenta a guerra de 1914, e, à beira do precipício, falta à Grã-Bretanha determinado material que só a química lhe pode dar. Aparece um jovem cientista, o dr. Chaim Weizmann, encerra-se durante um tempão no seu gabinete de estudos e, quando finalmente sai, traz consigo o produto tão ambicionado. O governo de Sua Majestade pergunta, então, o que é que o dr. Weizman gostaria de receber em troca de tão grande descoberta e obtém como resposta o pedido de que, na Terra Santa, seja instalado o Lar Nacional Judaico, a fim de pôr cobro às provações de todo um povo, com língua, costumes, tradições próprias. Lord Balfour não dá a conhecer a famosa Declaração que tem o seu nome. Legionários judeus ingressam no exército britânico para ajudá-lo na "guerra libertadora" e quando, finalmente foi à Palestina ocupada, as massas emigrantes para ali se dirigiram na qualidade de colonos. Agora, pergunta-se: será que os ingleses já esqueceram o "*pogrom*" que os árabes instigados por aqueles promoveram no ano de 1922 na cidade de Jaffa? E quando o Alto-comissário Lord Samuel nada fez, cruzando os braços? Terão os britânicos – o Governo (o povo, coitado, não tem voz em canto nenhum) – apagado da memória as manobras do Ministério das Colônias, entravando os movimentos migratórios dessas vítimas da má vontade e da antipatia universais?

Então Allenby libertou a Palestina da Turquia para entregá-la aos judeus? Como diz a Pimpinela, esta é fina! E a Declaração Balfour foi feita apenas pelos olhos das judias, das Raquéis, das Saras de romance? E o Lar Nacional Judaico foi, realmente, instalado, conforme a papelada o prometia, e com as honras do estilo? E a América do Norte recebeu um convite para ficar com o Mandato e não quis, a América, a principal defensora das necessidades nacionais dos judeus, a potência que tanto tem feito para que acabem de vez os sofrimentos de Israel! A América foi quem não quis? Também é fina, esta. Ninguém quer, os judeus não querem, os americanos recusam, só a Grã-Bretanha quer.

É isso. Quer demais. Mas não terá. Acabou-se o tempo das vacas gordas.

Ao magnífico reitor

Excelência, terá sido delírio de visão, acesso de calores tropicais, ou aquilo que está ferindo a sensibilidade dos passantes é mesmo um cartaz de propaganda afixado à janela da Faculdade de Direito? Convidando a hedonísticos prazeres, destaca-se a conhecida garrafinha de certo refrigerante, lá onde deveria fulgurar, apenas, a balança de Minerva!

Com mil perdões, Sr. Reitor, mas isso não está certo. Isso não é direito.

Pode vossa Magnificência, fechando os doutos olhos, imaginar a Sorbonne, hierática na sua glória, majestosa na sua condição de escola, ostentando, com vaidade, reclame de leite maltado?

Ou coloridas legendas em Heidelberg, convidando a miséria raça humana a deglutir determinada espécie de chucrute, preparada com germânicos cuidados? Gás néon na fachada de Salamanca, letreiros em Cambridge, gastronômicas sugestões nas ogivas de Coimbra?

É verdade que a tal janela corresponde ao salão onde funciona o restaurante da nossa bem-amada Faculdade, mas a proximidade com o gabinete donde Vossa Excelência orienta e dirige a juventude estudantil de Pernambuco é tão grande, que arrepia nossos nervos.

Há bares em todos os palácios, comedouros até mesmo nos castelos, mas nem por isso estragam-se as paisagens.

A Faculdade de Direito do Recife brilha como solitária joia dentre os estados do Brasil onde funcionam escolas de curso superior. Nenhum prédio de Faculdade, nem no Rio ou em São Paulo, pode se comparar, em beleza arquitetônica, com o nosso ali da praça Adolfo Cirne.

Repare bem, Excelência, até a estátua de Martins Júnior parece bradar um protesto, a mão erguida para o alto.

Mande tirar a placa, Excelência. Faça-o, rogo-lhe, do negror da minha insignificância.

Em nome da Tradição ofendida, da Estética humilhada!

A lição do jazz

Alinhados no mesmo programa e sem prejuízo para a arte, Beethoven, o gênio da música sinfônica, e Gershwin, o autor do *The man I love* e outras coisas, ambos a serem ouvidos no próximo domingo, no Teatro Santa Isabel, pela Orquestra Sinfônica de Pernambuco e a pianista Raquel Canen, mais uma vez fica provada a consagração do invento dos negros americanos e dos judeus de Bronx e Brooklyn: o "jazz".

Ultrapassando o romantismo impressionista, a tendência da música atual é para o timbre, com a ajuda dos mais estranhos instrumentos de percussão, africanos, americanos e mesmo asiáticos, sendo vasta a influência do "jazz band" no terreno artístico propriamente dito.

Salientando o valor expressivo dos instrumentos de sopro, vemos um Eastwood Lane, um Burlingame Hill, um Carpenter, um George Gershwin forçar as portas dos conservatórios do mundo. Na própria Europa é flagrante a contribuição da música norte-americana e compositores como Ravel, Kreneck (*Jonny spielt auf*) Hindemith, Stravinsky (*Rag Time*, *Piano Rag Music*) e até mesmo Debussy (*Cake Walk* e as sonatas da última fase) deixaram-se levar pela contagiante novidade.

Dolente, nostálgico, tristonho, orquestrado na grande maioria das vezes pelos descendentes dos antigos salmistas hebreus, o "fox blue" expressa, de forma poderosa, a mágoa do negro do Harlem, a triste dor do preto norte-americano, escorraçado, ofendido e posto à margem.

"Blue" significa depressão, desapontamento, melancolia, sendo bastante conhecida a expressão "*To be in the blues*", isto é, estar triste. Assim sendo, constitui um erro crasso, uma tremenda impropriedade, a tradução para o vernáculo do título da famosa peça para piano e orquestra de Gershwin, *Rhapsody in Blue*, para "Rapsódia Azul".

A pobre da Rapsódia não tem nada de azul, verde ou de encarnada. O que ela sugere é um estado de espírito, um ritmo novo e não uma cor. Para que fosse colorida seria preciso que o adjetivo viesse antes do substantivo: "Blue Rhapsody", o que não acontece.

Bolsa perdida

Não, meus amigos, não foi uma bolsa cheia do vil metal que se perdeu. Antes tivesse sido. Trata-se de coisa pior, muitíssimo pior, como verão. Imaginem vocês que o jovem dr. Lucilo Varejão Filho, aluno distinto da Faculdade de Direito e bardo publicado em tudo quanto é suplemento literário desta lírica cidade, como a maior parte dos bacharéis padece do mal de amores pela França, pela Lutécia, pela *Gania (Gallia?) divisa in partes três*. Sabe de cor o nome das populações dos tempos pré-históricos, conhece os guerreiros que lutaram sob a bandeira de César, Clóvis e Carlos Magno e não lhe é desconhecida a evolução geral da civilização no doce solo da Franca, donde têm brotado os mais amados vinhos, as mais belas flores, os mais cantados frutos. Pepino, o Breve, os Lombardos, Franco, os Carlovíngios, o feudalismo, os Luizes, as comunas, o realismo, o naturalismo, Gautier, Verlaine, Zola, Mallarmé, Baudelaire, Cendrars e Sartre, tudo isso ele captou, num *élan*, pura e desinteressadamente, ansioso de sorver, num hausto apaixonado, o que se relacione ou possa relacionar com o país de Marianne.

Pois bem, esse francófilo mil vezes respeitável, professor da língua de Racine num educandário do Recife, após submeter-se a exames para a obtenção de uma bolsa de estudos, classificou-se em primeiro lugar, sendo designado para estagiar, durante dez meses, na Sorbonne, as despesas pagas, é claro, pelo governo de Monsieur Queuille. Justíssimo. A César o que é de César. Acontece porém que, coincidindo com a vinda das girafas, Sua Excelência, o Presidente da República, num acesso de genialidade – aliás bem frequente – deu a conhecer um decreto que o assinalará na História como o defensor da cultura nacional: funcionário federal não pode viajar para o estrangeiro para aumentar os seus conhecimentos. Tem é de ficar no Brasil mesmo, nem que morra de vontade de ir estudar em outras terras. Nem mesmo merecendo...

E é por isso que meu colega e amigo Lucilo Varejão Filho, um dos mais brilhantes rapazes da nova geração, bom aluno, bom mestre, bom filho, bom camarada, está impedido, proibido de seguir para a cidade de seus sonhos, Paris, a Meca de todos nós. Quer dizer, talvez pudesse viajar, se tirasse licença sem vencimentos, creio eu. Mas ninguém vai supor que um modesto professor e funcionário público se dê ao luxo de abrir mão dos honorários somente por causa de uma lei espantosa.

Homem não chora, homem é homem. Pelo menos foi o que me ensinaram. Mas se essa história dolorosa acontecesse com certa pessoa do sexo feminino que eu conheço, não haveria lençol que estancasse a ribanceira. Ganhar uma bolsa de estudos para a Sorbonne e não seguir para Paris, é ou não de cortar o coração?

Costa Pinto

— Chico, meu café!

A todos os que foram alunos do mestre que nem velho era, nem jamais esteve doente, esta frase é por demais familiar.

— Chico, meu café!

E Chico trazia o café, fumegante, carregando a xícara numa feia bandeja prateada. Costa Pinto parava de andar de lá para cá, de falar na diferença entre os criptógamos, não botava açúcar nem nada e engolia, rápido, a mistura tão ansiosamente esperada. Ante nossos olhos arregalados de espanto. Criptógamos, fanerógamos, café sem açúcar!

Morreu o Dr. Costa Pinto, meu professor de História Natural, meu lente de Biologia, diretor do meu Ginásio Pernambucano, homem de pisada forte, fala braba, pistola à banda e violentamente estrábico, que nem era ruim nem nada e enxergava melhor do que muita gente da vista certa! Quando assumiu a direção da escola da rua da Aurora, aquilo ali era o centro do molecório, aglomerado pela calçada, trepado nas balaustradas, reunido no bilhar da esquina. Moça ou mulher casa que se prezasse não atravessava aquela rua sinistra, sozinha. Pobre dela se o fizesse! Era perigoso até passar no bondezinho de cem réis... Costa Pinto entrou no casarão, olhou, remexeu, vasculhou, suspendeu malandro muito, expulsou vagabundo muito, ameaçou o restante da meninada, acabou com a tal história de se chupar rolete de cana, de lanchar empadinhas e pastéis de tabuleiro, de andança pelas ruas em hora de aula, de farda desabotoada, de pouca vergonha em geral. Aluno do Ginásio tinha de entrar na linha e logo! Senão...

E, milagre dos milagres, a disciplina venceu. Durante cinco anos usei horrendo uniforme cáqui, todo preguedo, com ultra-horripilantes enfeites em azul-marinho, cada vez aumentando mais o número de tiras de gravata, que ainda conservo com ternura. Até a Biblioteca, que era o centro do fuzuê, passou a quartel-general das boas maneiras. Ai, seu Jorge, ai, seu Jorge Carne de Cabra, quão ligeiro corre o tempo! Ai, seu Beleza, seu Morais, seu Chaves, seu Egas, vocês agora devem estar matando as saudades, o Diretor chegou!

Um dia, a lição era das mais difíceis. Ninguém compreendia nada. Costa Pinto afobou-se. Deu uns gritos pelo bedel.

– Beleza, vá no Museu e traga o poço artesiano. Depressa, depressa!

Beleza foi, coitado, às carreiras. Que quando voltou, Costa Pinto quase teve uma apoplexia. Não é que, na confusão, tinha vindo o quadro de um porco, com os músculos riscados e assinalados para estudos de anatomia?

A grande glória dos catedráticos, os truques. Comigo ninguém fila! Eu levei dez anos para tirar meu curso de Medicina e conheço todos os truques. Comigo ninguém fila!

Sei de um advogado, muito meu amigo, dono de lindo automóvel e de frequentadíssimo escritório, que, por ocasião da segunda prova parcial de Biologia, já no curso Complementar, me mostrou, em absoluta confiança, um encrencado sistema de elásticos, vindos desde o ombro, instalados no braço esquerdo. Sentado, escrevendo, profundamente concentrado, parecia saber coisas do arco-da-velha, mas na realidade estava era filando e escandalosamente. E o professor nunca descobriu a maroteira. Morreu crente de que com ele ninguém filava.

Outras vezes punha-se a esbravejar com gente que não estava conversando nem tão pouco soprando.

– Eu, doutor? É comigo, doutor?

– Não é com você, não. É com você ali!

E apontava para um sujeito na outra ponta do salão, mas com o olhar fixo no primeiro, que, apavorado, esquecia o defeito visual do mestre.

Doutor Costa Pinto! A ele e a seu compadre José dos Anjos é que se devem o bufê, o salão de ginástica, o novo museu e gabinete de História Natural, o campo de *volley* e basquete, o auditório, as fontes com água fria para se beber, a limpeza, a ordem, a pontualidade dos alunos e serventes, para não falar no uso obrigatório do fardamento igual para todos, ricos e pobres. Como iguais eram as crianças, brancas, pretas, judias, católicas, sempre até mesmo nos dias em que mais ferrenha era a campanha integralista e pró-germânica. Ditador nos regulamentos do educandário, jamais teve uma atitude que o comprometesse aos olhos dos alunos, quer protegendo, quer perseguindo.

Por isso é que parte-se o coração, de todos os antigos alunos, ao passar pela ponte Santa Isabel e ver a bandeira do Ginásio hasteada a meio pau, sinal de luto no colégio do governo. Como membro permanente da vasta família outrora tutelada pelo professor que cedo ainda se findou, sinto os olhos marejados de lágrimas, com saudade do tempo que se foi e do melhor e mais eficiente dos diretores que aquela nobre Casa já teve e que um dia me botou de castigo por que estirei a língua para o Délcio Dambert, na aula de Baltazar da Câmara.

Morte de Marte

Desde que o mundo é mundo, desde que eu existo, pelo menos, nunca soube de coisa igual. Nem por ouvir dizer. Se, em noite de trovoada, uma cabra-cabriola passasse na minha frente, montada num relâmpago ou um saci-pererê me oferecesse pirolitos – eu ainda poderia acreditar. Não acreditei na vitória de Truman, e lá está ele, reinando. Não acreditei na verba para a nova ponte do Pina, e ela já foi concedida. Mas essa notícia que agora nos vem da Costa Rica é a coisa mais extraordinária, mais original, mais estrambólica que se possa imaginar. É de cair os queixos.

Imaginem só: o presidente da Costa Rica, Sua Excelência, o Digníssimo Senhor Presidente da honorável República da Costa Rica, aqui, em nosso cálido hemisfério, mandou acabar com o Exército. Simplesmente. Como quem manda fechar um boteco. Assinou um papel – ou dois – e adeus farda, general, capitão, RDE, RISG, paradas, major, ordem unida, contingência, rancho e botas lustrosas. "Seu Presidente, Doutor, Excelência, os russos, o perigo vermelho, o olho de Moscou, a guerra, novas armas superatômicas..." Conversa. Acabou-se o Exército. Adeus às armas. Abaixo as armas.

O edifício onde funcionava, até anteontem, o Quartel-general, o QG, o "Head Quarters", com todo o séquito estrelado, ordenou se transforme num... Museu! Num Museu! Pela primeira vez na História Universal, onde impera um bípede cuja contínua e mais adorável ocupação sempre foi matar, ou pelo menos ferir o seu semelhante, a Força cede o lugar. Ao Belo, ao Delicado, ao Histórico. A um canto, murcho e de ouropéis mofados, Marte cochila, encolhido, enquanto Frineia triunfa, na sua graça eterna e pura.

Que terá motivado esse gesto tão inopinado, tão singular, na hora em que os povos do mundo se empenham, arrebentando as finanças, no afã de conseguir mais e mais, sempre mais, cada vez mais, novos engenhos bélicos? Afinal de contas, é preciso muito desprendimento para entregar a pátria a zeladores de museus, mais interessados em catar poeirinhas de brocados desmaiados pelo tempo do que em sacudir bombas no próximo. É verdade que, pela sua posição geográfica, a Costa Rica não precisa preocupar-se com esses problemas que afligem seus vizinhos, de costas largas... Tem quem zele por ela e a defenda. Mas, pergunta-se, perplexo estupidificado, terá sido um rasgo de gênio, a nação compreendendo que os homens devem confiar uns nos outros pacificamente? Ou o Presidente está com "*surmenage*"?

Contra a Fab

Muito bem, esta notícia vinda do Rio é a maioral. Como se não bastassem as anteriores, revoltantes, de arrepiar os cabelos de todo cidadão que mereça as prerrogativas de um bom brasileiro. Depois de tudo o que se passou e da incessante grita dos jornais, a imoralidade continua para vergonha e áscuo de todas as pessoas de bem. Senão, vemos o que diz um despacho da Capital Federal, sob o título *Aviadores nazistas que lutaram contra a FAB*: "Vários aviadores, técnicos nazistas que bombardearam a FAB na Itália, chegarão pelo "Santarém" que saiu a 15 de janeiro, de Hamburgo, para o Brasil, repatriados pelo nosso governo. Entre os repatriados que virão por esse navio, figuram vários alemães que saíram do Brasil, em 1939, para se alistarem em Wehrmacht".

O que é que se poderá dizer em face disso? Invocar os céus, imitar o profeta Jeremias, gritar na via pública, como Gary Davies? Senhores, senhores, isto é o cúmulo trazido pelo nosso governo à cuja testa se acha um general, do Exército, do mesmo Exército que à Itália foi, protegido pela FAB, pela mesma FAB atacada, bombardeada pelos mesmíssimos aviadores, técnicos nazistas que ao nosso país virão, a bordo do navio *Santarém*!!! Onde está a consciência nacional, onde se escondeu a vergonha dos que regem os destinos do Brasil, nesta hora negra e escandalosa? Precisamos de técnicos, é verdade, mas de técnicos isentos de crimes, de bons profissionais, aptos a dar a esta terra o que esta terra precisa. Assassinos nós já os temos bastante. Mas trancafiados, nos presídios, nas penitenciárias, nas casas de detenção, e não viajando de primeira classe para terras de promissão. Comparados a esses assassinos, que tantos irmãos nos mataram, "Marreco" e "Lampião Branco" são dois anjos de asas brancas, sob todos os pontos de vista. Miseráveis, analfabetos, broncos, primitivos, não carregam a marca que os filhos de Hitler têm nas testas impuras: crimes contra a humanidade.

Como se ainda fosse pouca, diz ainda o despacho em questão: "Vem também nessa leva, Catharina Hoizapfel, que pretende residir em São Paulo e foi para a Alemanha em 1939, com DUAS FILHAS, PARA QUE AS MESMAS CASASSEM COM RAPAZES DA "SS". Catharina teria ocupado postos de destaque no partido nazista, tendo sido agraciada, por Hitler, com uma cruz de ouro e um anel com o emblema nazista". Brasileiros, brasileiros, escutai, arrepiai-vos: Catharina saiu da nossa pátria no começo da guerra, levando para a Alemanha duas louras Gretchen a fim de casá-las com "DOIS RAPAZES DAS SS". Estareis bem lembrados o que estas duas letras significam ou será preciso que vos despertem a memória com episódios alucinantes, tão terríficos que parecem de brincadeiras? Aqui mesmo no Recife, há muita gente egressa dos campos de concentração, à última hora saídas dos trens letais, crianças que viram a morte de perto, mães de cujos braços foram arrancados seus próprios filhos. Conheço-os pessoalmente, ouvi seus relatos e vi suas marcas infamantes de Auschwitz e Bergen-Belsen, e se alguém está interessado, que me procure e eu o levarei de casa em casa, para ver os seus irmãos que a loucura de um povo marcou para sempre, numa tempestade de fogo e sangue.

Parece que é a mim que o Destino escolheu para verificar, bem junto, como falam e agem os nazistas, sob o pavilhão verde-amarelo. Estava eu, no verão do ano passado, sentada à frente do Copacabana Palace, na praia, com um grupo de pessoas amigas. Nisso, acercou-se um jovem, de olhos azuis, alourado, de estranha barbicha em ponta. Sem maiores delongas, puxou conversa conosco, interpelando-nos primeiro em inglês, depois em francês, em russo, e finalmente em alemão. Na nossa roda havia muitos estrangeiros, de modo que pôde, o interlocutor, conversar em todos os idiomas que sabia. Pela conversa, via-se logo que se tratava de um rapaz educado, e, conforme informou depois, era engenheiro, recém-chegado da Europa. Com dois dedos de prosa, disse que era tenente da *Wehrmacht*, tinha chegado na véspera, de Hamburgo, ia para São Paulo no dia seguinte, não sabia uma palavra em português – embora falasse perfeitamente inglês, francês, alemão e russo – e ERA BRASILEIRO. Ante a estupefação geral, repetiu: era brasileiro, daqui tinha saído ainda criança, com os pais que residiam no Rio Grande do Sul. Lutara a favor da Alemanha contra os franceses, no primeiro ataque a Aras e Abeville, fora ferido e recebera condecorações, integrando, posteriormente, um batalhão de ocupação na Bélgica. Fizera a campanha da Checoslováquia e, como glorioso corolário que não se envergonhava de confessar publicamente, em plena praia de Copacabana, em meio de estrangeiros há longos anos residentes no Rio e de brasileiros natos como eu e parte da turma que petrificada se quedara – lutara contra a FEB na Itália. Tudo isso contado em magnífico alemão, claro como seus olhos azuis, tão claros quão turva lhe era a alma. É escusado dizer que juntou logo gente, e o oficial brasileiro levou a surra que merecia, sendo socorrido depois pelos salva-vidas do posto 2 que, afinal de contas, não sabiam do que se tratava.

Por isso é que, ao ler o telegrama que agora me eriça os cabelos, tenho gana de fazer comícios, de gritar do topo do Pão de Açúcar, de enumerar as viúvas e órfãos da FAB e da FEB, vítimas dos colegas e talvez dos próprios que daqui a pouco chegarão ao Brasil, inocentes, plácidos, calmos, como quem cumpre um dever honroso. Não basta a malta de bandidos que já os precederam? Depois, quando os sertanejos do Ceará emigram para o Sul, morrem de fome pelos caminhos, não há meios de socorro, faltam verbas, escasseiam as hospedarias, para os nossos cearenses, para os nossos patrícios, para amparar, para instalar cuidadosamente, bandidos das "SS", aviadores nazistas que mandaram para Pistoia, com a mais feroz das alegrias, milhares de "pracinhas" e heróis das nossas forças armadas.

Os nazistas invadem o Brasil

Todo santo dia trazem os jornais notícias de novas levas de imigrantes que ao Brasil vão chegando, a maioria inculcando-se técnica em assuntos agrícolas e outras baboseiras semelhantes. E, vez por outra, arrancados da cinzentice do anonimato, comum entre massas viajoras, surgem nomes de trágica recordação para os que, em terras da Europa, sofreram os horrores da guerra. Agora mesmo, há poucos dias, transitou pelo porto do Rio de Janeiro, o navio "Copacabana", levando um passageiro clandestino, Robert Laurenceau, de nacionalidade francesa. Inquirido pelas autoridades brasileiras, no xadrez da Ilha Marítima, Laurenceau declarou ser mecânico, de máquinas agrícolas. Tendo embarcado no porto de Santa Cruz de Tenerife, conseguiu penetrar a bordo, burlando a vigilância das autoridades da nau, com o objetivo de chegar no Brasil, onde pretendia arranjar trabalho e fixar-se definitivamente.

Acontece, porém, que a bordo revelou que durante a última conflagração colaborara com os nazistas, motivo pelo qual passou maus quartos de hora no decorrer da viagem. Segundo suas próprias afirmações, o fato de ser localizado a bordo como clandestino não lhe acarretou grandes complicações.

Entretanto, logo que declarou suas credenciais de antiga e laboriosa atividade como traidor da França e amigo do invasor nazista, recaiu sabre si todo o ódio da tripulação composta de marujos que não esquecem os irmãos imolados em Toulon, em Arras e Abbeville. Foi espancado e surrado durante o tempo em que durou o percurso até capital brasileira, não morrendo ninguém sabe mesmo por quê. Agora, recolhido ao xadrez, deverá ser recambiado para o porto de onde veio.

Este é um caso dentre os muitos que acontecem e que ainda acontecerão. Nossa pátria que tanto carece de imigrantes, bons elementos, úteis no desenvolvimento dos nossos recursos naturais e das nossas indústrias em formação, de indivíduos na plenitude de suas forças físicas e, sobretudo, morais, recebe carregamentos da espécie de Laurenceau, que, coitado, caiu na tolice de confessar aquilo que tantos fizeram e ciosamente guardam no silêncio de suas almas tenebrosas.

Quem é que sabe, mesmo os técnicos em assuntos imigratórios, que qualidade de gente é essa a arribar em plagas brasileiras, munidos de passaportes fornecidos a custa de muita proteção e de conchavo muito? Carrascos e traidores, massacradores do povo, delatores, violadores de catacumbas, carniceiros dos judeus, fazedores de sabão extraído da gordura humana, escondem-se por trás de indevassáveis olhos claros, tão claros quão negra lhes é a consciência.

Aqui mesmo, no Recife, há cerca de poucos meses, a redatora destas linhas, nascida e criada no Brasil, à sombra dos coqueiros e das jaqueiras pernambucanos, com vizinhos, colegas, amigos e conhecidos circulando por todos os vinte e um estados onde drapeja o pavilhão verde-amarelo, travou conhecimento, de forma absolutamente inédita, com um desses criminosos acobertados à sombra de dinheiro, e Deus sabe de que outras imunidades. A história que vai ser contada é a expressão da verdade e entrego-a aos pernambucanos, meus patrícios, meus irmãos, até que um novo Hitler me envie para um forno crematório. Pelo ignominioso crime de ser judia.

Reservo-me o direito de omitir os nomes das pessoas, por motivos que só a mim interessam. E que em tempo oportuno revelarei. Sendo membro de uma sociedade cultural estrangeira, em tudo e por tudo respeitável e mui digna, dirigida por elementos da mais alta projeção no Estado e mesmo fora dele, fui por uma senhorita minha conhecida – de excelente família e absolutamente inocente no desenrolar dos acontecimentos –, na sede da mencionada entidade, apresentada a um bonito jovem de elegantes maneiras, recém-chegado da Europa. Conversa puxa conversa e, após agradável palestra, vim a saber que se tratava de Fulano de tal, irmão de um antigo conhecido meu, estrangeiro também e cujo pai também me era conhecido, estes dois últimos cidadãos finos e de grande distinção sobejamente provada em várias ocasiões. Como principiava a anoitecer e estivéssemos de saída já, convidei-os a tomar chá em minha casa, o que prontamente aceitaram, a moça e o rapaz. Mas esqueçamos a moça, que não tem nada com a história. Vamos ao rapaz. Conversamos alegremente durante o caminho e, ao final, chegamos ao portão de minha residência. Ao ver a negra Maria, que nos serve desde tempos imemoriais e pessoa de absoluta confiança da casa, o cavalheiro teve um trejeito de repugnância, como se visse uma besta feroz. Como estivesse já do lado de dentro, e, portanto, sob minha hospitalidade, fiz que não tinha visto nada. Abri a porta da sala de visitas, convidei-o a ficar à vontade e acendi quebra-luz, em cujo bojo via-se, pintada, a águia americana. Bonito ou feio, lá estava como uma lembrança de amigos. Mal o viu, X estremeceu de horror. "Que é isso? Gritou, Armas americanas? Se você soubesse a extensão do mal que os americanos fizeram no meu país, como assassinaram minha noiva querida, você não usaria nada que lembrasse essa gente!" No papel de anfitriã, apaguei o quebra-luz. Acendi a lâmpada do teto, sentei-me e, de repente, vejo que X se levanta, sai de junto da tal moça e começa a gritar exatamente o seguinte, conforme o tenho anotado e à disposição de quem quer que seja, ainda na língua em que foi enunciado:

E dizer-me que isso está acontecendo a mim, X, estar em casa de judeus! Eu que fui "oberleutnant" nas tropas – e citou um batalhão alemão cujo nome não me é possível ouvir. **A mim, X! Jude verfluchte!** E, cuspiu, no meio da sala. Eu, tomada de surpresa, estava estarrecida, de boca aberta, sem fala. Fascinada, não podia despregar os olhos do rapaz, que agora se aproximava de mim. Curvando-se sobre a poltrona onde eu estava, pegou no meu braço esquerdo, examinou bem, à luz de um olhar furioso, e depois gritou:

É pena que você não tivesse estado entre nós, no meu país. Nós teríamos feito de você um abajur, como fizemos com as outras judias! Você pensa que é melhor do que as outras? Que pena que você é uma brasileira, uma sul-americana e eu nada posso fazer contra você! Hitler morreu, mas eu ainda estou vivo e hei de continuar aqui sua tarefa. Vocês judeus são a escória do mundo e é assim que devem ser tratados! E bateu com o pé no chão, furiosamente. Nada mais são do que uma escarradeira onde todos cospem!

Eu continuava muda, petrificada. Por um explicável fenômeno psicológico, estava transida de horror, de olhos arregalados, sentindo-me em plena Alemanha, em face de um super-homem. Tive e tenho colegas integralistas, reacionários que não morrem de amores pelos judeus. Mas nunca em minha vida – nem um judeu criado no Brasil poderá ter o atrevimento e a audácia de dizer, sem que milhares de vozes se desmintam energicamente – me tinha deparado com semelhante espetáculo. Em minha própria casa, acompanhado de uma senhorita brasileira, em terras estranhas aonde havia chegado há poucos dias, a quanto se atrevera um filho de Hitler!

Poderia, se quisesse, citar os nomes de vários dos meus conhecidos, fascistas embora, um dos quais antigo chefe da extinta Ação Integralista – hoje Partido de Representação Popular – e que, disso tenho absoluta certeza, fariam em pedaços meu indesejável convidado, que ainda se encontra no Recife. Se lhes tivesse em tempo contado o ocorrido. Por mais incrível que pareça, não acrescentei, antes, diminuí muitos pontos, que, oportunamente esclarecerei. Eu também não acreditava no tal negócio de se fazer sabão de gordura humana, até que, em outubro do ano passado, no Distrito Federal, na qualidade de jornalista devidamente credenciada, compareci ao enterro das três barras especialmente enviadas para a Comunidade Judaica do Rio de Janeiro pelos sobreviventes das vítimas do nazismo.

Agora, pergunta-se: depois de suficientemente provada a perversidade e monstruosa atuação daqueles contra o mundo civilizado em geral, e os judeus em particular, como é que se deixou ficar vivo semelhante verme? Como que escapou dos próprios compatriotas e radicou-se no Brasil, no Recife, dando o exemplo ao seu irmão de armas Robert Laurenceau? Como é que deixaram-no ficar perto de todos nós, dormindo quando nós dormimos, comendo quando nós comemos, vivendo enquanto os heróis do mundo estão mortos? Faz-se tanto barulho por causa de "Marreco", um mestiço analfabeto e primitivo. Que dizer desse felizardo, bonito, bem vestido, bem alimentado e com instrução de grau superior? Por que está ele em nossa pátria quando o seu lugar era ao lado de Tojo e de seu amo Rosenberg?

Tudo indicava que a última guerra tivesse extirpado em definitivo o nefando câncer do racismo antissemítico. Todavia, o mal ainda está em estado latente, com germes espalhados pelos quatro cantos do mundo, sorrateiro, à espera de outro grande momento. E, infelizmente para todos nós, cidadãos pacatos e sem pretensões a arianistas, um de seus virulentos tentáculos, sórdido e traiçoeiro, no Recife, conserva as suas células, que de há muito deveriam ter sido exterminadas.

Nazista atrevido – editorial da *Folha da Manhã*

A reportagem publicada ontem em *Folha da Manhã*, sobre a conduta de um imigrante afoito e pernicioso, dá bem vontade de adotar métodos violentos para ensinar a certos canalhas "com quantos paus se faz uma jangada" neste Nordeste brasileiro. A revolta diante daquele fato nasce, sobretudo, por se ver a quanto pode descer uma criatura humana fanatizada e presa a preconceitos aviltantes. Ante uma judia, aquele francês indigno de sua nacionalidade pratica atos de uma insensatez só compatível mesmo com um nazista da SS. Esquece os deveres de cortesia e repudia a hospitalidade que lhe é oferecida. Cospe em plena sala de uma residência. Eletriza-se num histerismo deprimente. Espuma e lança palavras torpes como esquecido da própria dignidade humana. Acovarda-se agredindo uma mulher indefesa. Esquece a prudência declarando uma identidade ideológica decerto oculta nos passaportes conseguidos. Arrisca a própria segurança e a de sua família num impulso bestial de ódio contra uma raça.

A reportagem lançou a público a desgraça de havermos acolhido gente daquela espécie entre os imigrantes ultimamente chegados da Europa. Admitimos que o nazista haja enganado às autoridades consulares, como enganou a judia pernambucana, a ponto de ensejar um convite amável para um chá. Na órbita das relações pessoais, contudo, ele já se revelou e parece que não é necessário esperar que ingresse ou funde uma sociedade secreta nazista para expulsá-lo do país. Pelo dedo, já se pode conhecer o gigantismo de sua periculosidade.

Soldados de Israel

De um velho amigo que há muitos anos não vejo, nem de quem notícias tinha, recebi esta semana, quando a Inglaterra penetra em território alheio e berra estentoricamente porque foi apanhada com a mão na cumbuca, uma carta, datada de 27 de dezembro e escrita "em qualquer lugar da Palestina". É a seguinte, rabiscada num papel onde foi impressa uma paisagem da colônia plantada às margens do mar Kinereth, sob os auspícios do Fundo Nacional Judaico, o Keren Hayessod:

"Neste fim de ano, com o pensamento em meus pais, irmãs, parentes e amigos, faço uma prece para que o Exército de Defesa de Israel saiba repetir as façanhas de seu predecessor, o exército de Yehuda, o Macabeu. Não era nosso desejo a luta nem a guerra. Forçaram-nos a ouvir e a entender a linguagem da espada mais do que a da sabedoria. Mostramos e estamos mostrando aos nossos inimigos, emboscados por detrás de povos pacíficos e inocentes, que o POVO DO LIVRO também sabe lutar.

Não é mais a luta desesperada de Jerusalém cercada por Tito, nem o heroísmo imortal dos defensores do *guetto* de Varsóvia, mas a luta de um povo que pretende viver. O desejo do judeu em Israel não é morrer pela sua pátria e sim viver nela. Nós sabemos, porém, e muito bem, que nada se consegue sem sacrifício. E o soldado israelita enfrenta o perigo, destemido e consciente, porque sabe que se cair é para que vivam milhões e milhões de irmãos.

Que o próximo ano nos encontre em paz, reunidos, na nossa Pátria Eterna, o Estado de Israel! Que Deus nos ampare e proteja!"

Sem ódios, sem raivas nem rancores, assim escreve um jovem, filho de pais ricos, diplomado numa famosa universidade da Europa, e que fartou-se de espetáculos em que seu Povo era sempre o joguete, a vítima inerme. Como um Baiardo ou um Lancelote, foi à procura do Santo Graal, desta vez consubstanciado na Terra Prometida com que o Senhor tantas vezes tem acenado, desde o episódio das sarças ardentes. É uma pena, uma grande pena, que raça tão nobre e valorosa como a britânica, cintilante na Poesia, no Drama, no Romance, no Cinema, na Indústria, na Técnica, na Amizade, nas Relações Familiares, e que por tantos é considerada a Padroeira da Democracia e dos Direitos Sociais, se tenha instalado em tão pequena ilha, a Grã-Bretanha, precisando por isto, para que seja de fato grã, devorar a metade do mundo, inutilmente habitado por nativos e indígenas cuja maior glória é servir a John Bull.

Monsieur Verdoux

Com evidente trocadilho no nome ("Ver Doux" – Verme Doce) e baseado numa "ideia" de Orson Wells, escreveu Charles Chaplin o argumento e a música do filme por ele próprio dirigido e no qual tem o principal papel, agora em exibição no Moderno: *Monsieur Verdoux*.

Muito se tem dito do criador de Carlitos, partindo-se do princípio indiscutível de que é um gênio. Para Picem, por exemplo, havia um brinquedo mecânico: o cinema. Apareceu Carlitos e tivemos "sétima arte"; segundo Elie Faure, "Carlitos é o único poeta deste tempo" e, a crermos em André Maurois, "dentro de três séculos Carlitos será o que para nós outros é Willon: um grande poeta clássico".

O fato é que, imaginando e dando forma corpórea ao seu personagem, de cartola, bigodinho e sapatos cambaios, apareceu o verdadeiro estilo de Chaplin. No decorrer sucessivo dos seus filmes, padrões da gloriosa carreira desse artista inglês, cada vez mais se tornou flagrante o avanço da sua arte. A naturalidade do gesto aliou-se à perfeição da técnica, fazendo desaparecer os truques da velha graça do cinema. Chaplin substitui-os por outros da mais pura essência cinematografia. Fugindo ao vulgar – as clássicas besuntadelas com manteiga, bolos atirados em pleno rosto, as pancadas, as quedas e as perseguições –, inventou novas graças irresistíveis. A suprema criação chapliniana é a sua personalidade, exterior e interior, tendo estudado com precisão o tipo que iria imortalizá-lo. Cada detalhe deve ter sido o resultado de uma seleção apurada, do físico, do vestuário e da mímica. Há quem diga, e não sem razão, que o pai espiritual de Carlitos é D. Quixote, estando o primeiro para o cinema como o segundo para a literatura.

Outra coisa que é preciso assinalar, e que Chaplin sempre fez questão de apregoar, é sua aversão pela sonorização dos filmes, pelo "*talkie*"; são suas as seguintes palavras: "a voz quebra a fantasia, a poesia, a beleza do cinema é de quem o interpreta. Obrigá-los a falar é fazer com que percam todo o seu encanto. Só é admissível como negócio; não tem relação alguma com a Arte".

Ora, em *Monsieur Verdoux*, Chaplin aparece encarnando um estranho tipo de criminoso. "Ver Doux". Casando inúmeras vezes, a todas as esposas aparece travestido diferentemente e com características psicológicas diversas também. Qual Barba Azul dos dias de hoje, faz desaparecer muitas delas, assassina um policial, friamente, docemente, oferecendo-lhe um cálice de vinho envenenado. Falando muito, às vezes para si mesmo, não se utiliza dos conhecidos *gags* que o tornaram inimitável, insuperável até. Às vezes, de longe em longe, sente-se o Carlitos de *Luzes da Cidade*, de olhar doce, o Carlitos simples e trágico, dos sorrisos e das lágrimas.

Matando a torto e a direito, ocultando-se sob muitas máscaras, é capitão de navio, funcionário de banco – adorável aquele jeito de contar as cédulas – pequeno proprietário, pintor, financista, é finalmente apanhado e condenado à guilhotina. Sem que o espectador, por essas alturas, tenha captado o que Verdoux representa, qual é o fim a que Chaplin quer chegar. Alguns minutos antes de terminar a projeção, é que o vilão torna-se santo e põe-se a dialogar filosoficamente com um jornalista e com o capelão Ferro, que lhe vem ministrar os últimos sacramentos. Antes de morrer, declara que seu crime é grande porque matou pouco. Os que matam muito, os que assassinam multidões – são vistos Hitler, Mussolini *et caterva* –, os que roubam milhões, os que "fazem grandes negócios" é que são os inocentes. E vai para o patíbulo, as mãos atadas atrás das costas.

Dizer que Chaplin entrou em decadência é inqualificável audácia. Como todos, na vida, os artistas têm seus altos e baixos. Mas que teria sido muito melhor não ir atrás das "ideias" de Orson Wells, ah, isso nem se discute.

Os cenários não têm importância, os comparsas não oferecem nada de apreciável, a história é longa e pouco atraente, não há fotografia digna de nota e, ao contrário do que sempre proclamou, Chaplin fez uso, e demasiado, da palavra. Que me permita a comparação, o ídolo da minha infância. Mas, "*le silence est d'or*". Pelo menos, no seu caso.

O monge

Não é do monge descrito no soneto de Alberto de Oliveira, "o Príncipe da poesia brasileira", que irei falar-vos hoje e sim do caso que há vários dias tem abalado a opinião pública do país, que se encontra em sobressalto, o coração aos pulos. Mal surge um gazeteiro, arrancam-lhe a mercadoria à cata das últimas notícias sobre D. Crisóstomo, o monge alemão que se perdeu, ao que parece, nas matas da Tijuca. Que coisa, pensamos todos, resmungamos todos, cristãos ou não. Que coisa! Vem um religioso da Europa, da civilização, dá-lhe vontade de passear, de isolar-se, de mergulhar na floresta, imerso em fecunda meditação. Ei-lo que marcha, rumo ao Alto da Boa Vista, cansado do mundo e de seus rumores. Atravessa os caminhos, onde a natureza é geralmente esplendorosa, entra pelo arvoredo adentro, deixa-se embalar pelo canto da passarada. Ouve o cascatear das águas se derramando pelas rochas e, qual novo São Francisco, talvez entenda a linguagem dos bichos. Extasiado, fecha os olhos, entra em contato, com Deus.

E aí é que a pele de todos os brasileiros se arrepia, à ideia de malfeitores se atirando sobre o santo, loucos por dinheiro. Os facões luzindo no ar. Um, dois, cinco, dez, quantos terão sido, um bando inteiro, talvez algum "Zé da Ilha" reditivo, tarado e irresponsável chefiando a matilha criminosa? Que miséria, que vergonha para a Pátria! O que dirão de nós lá fora, do outro lado do céu, da outra banda dos mares? É isso, terra de bugres, usam ainda arco e flecha, tem cobras na avenida.

Mas – há sempre um mas nessas historias – a questão apresentou-se hoje sob um aspecto inteiramente novo, inédito, sensacional. De acordo com o último despacho vindo da capital, era D. Crisóstomo "**nazista confesso e entusiasta**" "**e a polícia quer saber por que, em 1939, pouco antes da guerra, veio êle**

diretamente ao Brasil". Diz ainda o telegrama que, **apesar de viver no Brasil há nove anos, o beneditino não falava uma palavra de português e vivia isolado de forma misteriosa**.

Agora muda o caso inteiramente de figura, não sendo de todo vão lembrar o episódio de dr. Jekyll e Mr. Hyde. Médico ou monstro, santo ou espião de Hitler, cúmplice de tanta desgraça, tanta sangueira, tanta monstruosidade como as que foram perpetradas contra a humanidade? A sensação inicial de amargura e de revolta transforma-se em curiosidade muito natural até, vigilantes que devemos estar contra a ameaça fascista que ameaça desencadear-se sobre nós, outra vez, trazida no bojo dos navios carregados de "técnicos e operários especializados" que outra coisa não são que resíduos do câncer pangermanista e totalitário.

O mau ladrão

Quem viu o sabido ou a sabidona que entrou ontem em minha casa e roubou-me a bolsa amarela, já velhusca, de palhinha entrançada, que comprei numa liquidação ano passado, na Avenida Rio Branco, por um preço barato? Dou quinhentos cruzeiros a quem me trouxer de volta pó que tão fagueiramente foi surrupiado, no espaço de trinta minutos, em *hocus pocus* diabólicos, sem ninguém desconfiar. Carregaram um horrendo par de óculos com a armação remendada, cujo vidro direito é duas vezes mais forte do que o esquerdo e mais escuro, conforme conserto feito numa casa especialista no gênero, dessa radiosa cidade. Sumiu também um *batom* Helena Rubinstein, tamanho grande, já gasto, mas bem reluzente, parecendo ouro de verdade, principalmente para o amador que tivesse posto em ação o tal par de óculos incrível, em contraste com os postulados da ótica científica. Já não faço tanta questão com os trezentos cruzeiros com que andei sonhando o mês inteiro e só agora recebi (e perdi): Papai me dá outros. Mas para que é que o feliz possuidor atual das minhas quinquilharias necessitava do retrato de Evaldo Machado Maia, com a letra dele próprio, cuidadosamente colado à carteira de cédulas onde também estava guardado um jogo de carteira e lapiseira Parker 51, é algo que ainda não compreendi. Lapiseiras e canetas, disso o mercado está abarrotado. Mas outro retrato igual de "Cotia" presente do Hélio Tavares, ah, esse tesouro eu não terei jamais! E os cartões de visita com endereços rabiscados no verso, de cabelereiros, de manicures, de *bouquinistes* parisienses, para que os queria o descuidista? Para brincar de palavras cruzadas?

Tinha tanta coisa melhor de se roubar de nossa casa, mais perto, mais fácil, mais acessível do que a feia bolsa depois encontrada aberta, maltratada, abandonada num canto do oitão, bem ao pé da minha janela, mais adequada a serenatas do que a violências marrequianas! Se o ladrão é do tipo saudosista, poderia ter tido o bom gosto de apoderar-se da gravata cáqui da velha farda do Ginásio Pernambucano e as notas baixas, de um broche de universidade norte-americana, de uma *raquette* de tênis japonesa nunca usada, de uns bonecos de barro comprados na feira de Guaranhuns em 1929, de um livro de receitas culinárias que foi de minha avó materna, de umas rombudas luvas de boxe com que meu belicoso irmão treinou a musculatura. Para não falar no requeijão fresquinho, molinho, macio, na jaca mole, presente de nossa lavadeira, nos molhos de couve branca recém-comprados na feira da estrada dos Remédios e nas duas mangas-rosas meio tocadas, mas ainda gostosonas. Tanta coisa boa! Por que é que o indesejável *visiteur du soir* fez questão de levar o que levou, causando tamanho rombo no meu coração? Abriu a bolsa, vasculhou-a bem, escolheu os preciosos óculos, o *batom* secular, trezentos cruzeiros, inúteis cartões de visita anotados em francês, ai, coisas que não reverei jamais, como a face morta do meu amado colega, do Evaldo Maia, como se lê na pedra de seu túmulo.

Quem viu, quem viu, dou quinhentos cruzeiros a quem pegar o sacripanta, quinhentos bagarotes em cédulas novinhas estalando, *com acento no paraguá*, confetes coloridos e tudo, conforme as instruções divulgadas pelas autoridades monetárias. Quinhentos cruzeiros a quem me trouxer esse excêntrico que, podendo levar meu retrato de formatura e outro mui indiscreto, tirado aos seis meses de idade, preferiu deixá-los ambos, juntamente com meus chinelos azuis e uma caixa de passas argentinas, sem caroço.

Frevinho em maior

Chega, chega, chega! Chega de me ensinarem como é Paris, como é a Europa dos meus sonhos, de que jeito cheiram as flores do Campo, na Primavera! Vou saber disso tudo sozinha, vou sentir o aroma do feno cortado, das mandrágoras, das tílias, do lírio do vale, com o meu próprio nariz, acostumado aos ásperos odores do melaço a fervilhar nos enormes tachos de ferro, ao perfume do abacaxi, ao rescender dos cajueiros nordestinos. Adeus, água de coco, adeus, minha jaca mole, adeus! Vou tomar *café à la crème*, na balburdia do Café de la Paix, um milhão de línguas estrangeiras cantando no pé do meu ouvido. Quando o garçom me perguntar o que é que eu quero, sapeco num bom português: *Êta, velhinho, o que é que há, com a tua baratinha?* E é bem capaz de ele me responder ao pé da letra, podendo até ser um patrício lá do Brejo da Madre de Deus ou do sertão de Bodocó. Mas nada disso tem importância, meninos, eu vou é para Passárgada, sou cidadã americana, vou comer marrom glacê ao pé do Arco do Triunfo. Cear damascos, laranjas da China, avelãs colhidas no Bosque de Bolonha, *adieu*, ó fruta-pão com manteiga de lata mineira!

Vou ver os apaches de perto, vou falar *argot*, vou dizer *je m'en fiche* sem morrer de vergonha. Talvez espie bem dentro da cara de Sartre, talvez contemple as landas escaldantes de Mauriac. Vou procurar a casa de Theréze Desqueyroux, darei voltas com um lulu pelas calçadas da Avenida de Villiers. E tenho de degustar morangos gelados a éter no 202 de Jacinto, subindo as escadas a pé mesmo, se o elevador tiver engalhado de novo. Receberei de braços abertos, os olhos arregalados de alegria, a Primavera, o Verão, o Outono, o INVERNO. O INVERNO da Europa, a neve caindo como urna bênção, o fogo crepitando na lareira, na lareira de verdade. E eu, gelada, eu, do Recife, com frio, os queixos batendo, enrolada em capa de pele emprestada! Depois, quando o ambiente me paulificar, Paris começar a se parecer com São Lourenço da Mata, carrego os troços e vou confortar a alma na Espanha, nas quintas de Portugal, em Freixo d'Espada à Cinta, em domínios de D'Artagnan, nos relvados de Monsieur Seguin, colhendo flores à beira dos riachos de Mistral. Darei uma olhadela nos *baobs* de Tartarin, quero fazer rodar as asas do moinho de Alphonse Daudet.

Adeuzinho, meu Carnaval, vou dançar a *carmagnole* sob a pesada sombra da Bastilha de barrete tricolor. *Allons, enfants de la Patrie...!* Mas quando a saudade apertar, baterei uma caixa de fósforos a "Lagoa do Abaeté", o "Regresso de Vassoura", a canção pulando já nos ritmos de Capiba e Nelson Ferreira. No momento, porém eu quero é tomar o navio, eu vou é aprontar meu "Vasano", que a *saison* vai começar. Livreiros das margens do Sena, arredores de Passy, castelos cobertos de era, *bistrôs* familiares, floristas de Montmartre, lá vou eu! Não como a folha morta, de Verlaine, mas como a "América a cantar".

Carta a um "crítico"

Meu caro Jerônimo Colaço de Magalhães,
Saudações proustianas!

Não poderei embarcar para a Europa dos meus amores com a consciência tranquila enquanto não gritar alto e bom som o quanto apreciei seu cavalheirismo e sua delicadeza, contidos na nota de domingo último que você enviou para o suplemento literário do *Diário de Pernambuco*. Tendo eu "chovido" e relampagueado por sobre os seus fracos e humanos ossos, você reagiu como o colegial bem-educado a quem a colega de trancinhas chamou de feio: estirou-me a língua.

Galantemente, sem irritação, com uma zumbaia até, concedendo-me 33 linhas do "Caminho dos Suplementos", isto é, uma vereda, um atalho, uma rodovia quase. Sinceramente, gostei, gostei demais. Tirei a prova real, inconteste, de que você é o que na linguagem das boas maneiras se denomina de *gentleman*. Aludindo a certo artiguete meu, intitulado "Chiquitos Bacanos", onde se lia que a equação Colaço de Magalhães – Tales Ramalho era um problema de grande transcendência e fundamental para o futuro estado das letras pátrias, você, que no mínimo poderia me ter chamado de gringa, de comunista, de trotskista, de reacionária, de capitalista, de agitadora proletária, retruca apenas que não, que não é feio, a feiosa sou eu. "Certamente que não, d. Flora, mas seu Diário sem dúvida o é". Distinto, bom rapaz, gostei. Só me admirei muito foi com a notícia que você deu, o tremendo boato que veiculou, devolvendo a luva jogada com que o convidara ao duelo no Bosque de Bolonha: "Boa maneira achou a doutora para comunicar que vai acabar com a 'Chuva Miúda'".

Mas, mestre, mas professor, se agora é que eu vou trovejar mesmo, com chuva de pedra, granizos e tudo! Diretamente de

Paris, em muitas colunas, com *manchettes*! Talvez me deem até primeiras páginas! Se agora é que as casas de capas vão progredir e os sapateiros enriquecer... Diz você que há muito tempo "os leitores andavam de capa e galocha". Isso ainda não é nada comparado com as intempéries que vêm por aí. Se eu fosse você comprava logo um guarda-chuva, um impermeável de capuz e um para-raios porque, a julgar pelas previsões dos observatórios, o tempo parece que vai fechar. Mas não há de ser nada, "magister", como é mesmo aquele ditado popular? Chuva miúda não mata ninguém.

P.S. – Sim, já ia esquecendo: a respeito daquelas suas atrapalhações relativas ao Mecenas Dourado, ele existe mesmo, fora de brincadeira. Não é o prof. Sílvio Rabelo, conforme muita gente (inclusive você) anda pensando por aí. Desculpe a pose, o gesto de catedrática do interior que conhece a Capital e já andou de bonde, mas, se não me falha a memória, em janeiro de 1947, a empresa Editora do Povo Ltda. publicou uma obra desse autor, sob o título *Mecenas dourado ou o suborno da inteligência*, do qual o sr. Paulo Ronai (este também existe) disse o seguinte, na magnífica revista editada pelo Ministério da Educação e Saúde, *Cultura*, em seu número inicial: "O sr. Mecenas Dourado deu neste livro um espécime de gênero pouco frequente entre nós: o ensaio histórico destinado não a número reduzido de eruditos, mas sim ao grande público. Vê-se que o autor não somente estudou o seu assunto a fundo, como tem da antiguidade romana o conhecimento amplo e seguro que só se adquire na convivência permanente dos clássicos romanos". De modo que fica respondida e afirmativamente a sua ingênua pergunta: "existirá mesmo esse erudito sr. Mecenas Dourado, nascido ninguém sabe se das brumas ou do chão, que investe danado como um Rocinante sem cavaleiro, contra mestre Gilberto?" Existe, meu nego, existe. Já não lhe dei a prova, Jerônimo? Outra coisa: por que chama você de "contraditório até no nome" a um homônimo do Mecenas, figura que cintila na história como se realmente fosse de ouro? Ou será que para você o outro também não existiu?

E, antes de mandar-lhe um cordial abraço, afetuoso até, peço-lhe que venha brincar de marré-marré comigo, na esquina do Lafayete, como sinal de que estamos de bem. De que fumamos o cachimbo da paz. Pelo menos, pode ser que assim os leitores do seu jornal encontrem no domingo vindouro algo mais interessante do que uma bem documentada dissertação sobre meus ultramicroscópicos dotes literários.

Já vou tarde

Mas Reinaldo, meu caríssimo amigo Reinaldo, meu colega de Ginásio, de Curso Complementar, de Faculdade, de tertúlias literárias, de discussões macunaímicas, de batente de jornal, meu amigo, meu irmão, o que é que você foi fazer comigo? Botou a boca no mundo e disse, mais ou menos, que eu já ia tarde? Eu, que lhe trago caramelos, que pago cafezinhos, que lhe conto as novidades do dia, que movi seu pétreo coração como no caso daquele *francês indigno de sua nacionalidade*, conforme você admiravelmente declarou num de seus artigos, eu, para quem você brilha como a Estrela-d'alva, como Marte, como Vésper, como a Via Láctea inteirinha, eu, recebo seu inesperado impacto, em plena luz do dia que se me afigurava tão claro, tão propício à fraternidade universal! Já vou tarde...

Diz você que "a nossa colega Flora Machman está de malas arrumadas para Paris e outros lugares igualmente tentadores. Podia ter dado adeus a todos com aquela esportividade dos turistas jovens. Mas não quis assim. Resolveu arranjar uma briga qualquer, por literária que seja..." Mas Reginaldo, dr. Reginaldo Camara, quem foi que lhe disse que eu queria uma briga apenas literária? Eu quero é barulho mesmo, no duro, engoli uma lata inteira de espinafre de Popeye. Não é à toa que pratico minha ginastiquinha diariamente. Então, a Europa estando do jeito em que está, o mundo piorando cada vez mais, as mulheres brilhando na faca, na bala, no veneno, eu vou deixar-me ficar fracamente aprendendo novos pontos de bordado? Não, não, mil vezes. NÃO! Quero briga, briga, muita briga! Vem você, meu camarada d'armas e, em vez de aquentar a mão, fazer a tal da "boca de siri", revela meus planos sanguinários. Conta a todos os leitores e aficionados da nossa querida *Folha*, hoje "o vespertino mais completo da cidade", os planos que juntos combinamos, à meia-noite em ponto, tendo um gato preto e uma coruja por patronos! Só faltava mesmo era o "tremolô na orquestra", mas isso é de Eça de Queiroz e eu não posso roubá-lo impunemente. Por que, companheiro da gororoba da vida, você faz tamanha ursada? Eu poderia ter pegado o pobre do Jerônimo Colaço numa negra esquina, esfolá-lo pelo crime que não cometeu, só pelo prazer sadista de tirar o coro de um homem. Em verso e em prosa! Ele, que é tão louro, tão delicado, tão Cortez, sucumbiria às mãos de uma doutora! E, conforme lá está, de forma clara e visível, aqueles que eu supunha amigos *et nunc et semper* declaram peremptoriamente: "não nos comprometemos a assumir a defesa da colega quando isso acontecer. Já bastam as encrencas que nós mesmos temos de topar..." Meu, Deus, meu Deus, o que será de mim? Se você, Reinaldinho, não me defender, com o calor de seu verbo (conforme o fez inúmeras vezes) e todo o vigor de sua musculatura? Por que, *frater*, você me abandonou, desamparada, franzina, tiritante, apesar do calor de nossa antiquíssima e solidíssima amizade? Ai, velho, temos que brincar de marré-marré, os três, você, Jerônimo e eu, senão a turma vai pensar que nós estamos todos brigados.

E, por sinal, o que é que você quer que eu lhe traga de Paris?

17 de fevereiro de 1949.

Viajantes

Enquanto o gigantesco avião está sendo reabastecido, prestes a largar para o sul, examino os passageiros recém-chegados da Europa. Ontem à noite embarcaram, sob um frio que os fez vir enrolados em capas, capotes, sobretudos e suéteres e, não muitas horas depois, derretem-se neste calor africano, ligeira névoa do susto a sombrear-lhes os olhos. Velhos corpulentos, vermelhos, com aqueles pesados óculos de tartaruga falsificada, algumas crianças pálidas, cansadas da viagem talvez, e poucas mulheres, não das mais belas e elegantes, corno convém a quem desce de um "Constellation" vindo de Roma, com escalada em Madrid. De toda essa humanidade que se atira vorazmente sobre as talhadas de manga-rosa e manga-espada que a "Panair" lhe oferece, de lanche, desprende-se um vago odor de Europa, inexplicável, intraduzível, mas que reconheço sempre. Um cheiro típico, cinzento, adocicado – Europa,

Súbito aproxima-se do nosso grupo um rapaz louro, alto, rosado, de casaco de veludo e duas cartas na mão; perguntava, num misto de italiano e francês, como pode pô-las no Correio. Tomo-as na mão, não pesam quase. Na certa vai pagar uns dez, onze cruzeiros de porte. O bonitão se vê aflito, não tem cruzeiros, não tem dólares, tem liras. Fazemos as contas: trezentas liras terá de pagar se quiser que as missivas cheguem ao destinatário. Trezentas liras por duas cartas! Arregala os olhos, deixa cair o queixo, guarda os envelopes no bolso e conta coisas da Itália, de Milão, de onde vem. É químico industrial, especialista em cromo, níquel e aço. Diz que, para viver regularmente, é preciso trabalhar de doze a treze horas por dia, senão... Ao ouvir que nosso horário é de oito horas, nove às vezes, um riso de felicidade aflora-lhe a face. Oito horas? E pode-se *mangieiri bene?* Com setecentas liras, no câmbio negro naturalmente. Vai para São Paulo, onde tem amigos, mas, resmunga aflito, em vista do calor, acha que não poderá ficar. Por que não tira o casaco de veludo? Pergunto. É aí que começa a pagodeira. Debaixo do casaco tem um blusão; por baixo do blusão, vem uma suéter; debaixo do suéter há um colete de malha; debaixo do colete está um *pull-over*? Não tivemos mais paciência de esperar.

Outro italiano é técnico em máquinas para a indústria têxtil e destina-se a Buenos Aires. Quer saber o valor do peso e se na Argentina faz tanto calor como aqui. Bem, quer dizer, para quem traz consigo, sobre a fraca pele, toda uma loja de artigos para o inverno, nem na Sibéria... à vista de uma manga-rosa fica deslumbrado e quer levá-la consigo, não sem que antes avisemos insistentemente que a fruta é pesada. Não acredita e diz que vai comê-la no avião. De quem é o azar?

As senhoras passeiam pelo salão de espera, comem pinhas e bananas-prata, enquanto as crianças se deixam ficar murchas a um canto. Para elas, pobres gurias mareadas, não há câmbio negro nem frutas tropicais. Há o aborrecido da viagem. O balanço do avião, a falta de espaço para brincar. Misturado àquele confuso pairar em várias línguas entre o aroma balançado de uma Europa que, aos poucos, está se mudando para a América.

À margem do Sena

Das coisas deliciosas que Paris oferece ao visitante, uma se destaca: a ronda à beira do Sena, sozinho, numa tarde clara e ensolarada. Há certo encanto todo especial em contemplar as águas desse rio de tonalidade profunda, esverdeada, encrespado às vezes por causa da viração. Pelas amuradas, encostados às pontes, deitados à relva, pintores misturam suas tintas, poetas burilam suas rimas, namorados recitam suas baladas. É tão suave a paisagem, tão convidativa ao sonho! Nada de cores vivas, de traços fortes. Até parece que um manto de gaze envolve tudo.

Quem vem do *Jardin des Tuileries*, desce pelo *Pont Royal* e desemboca no *Quai d'Orsay*, entrada na chamada *Rive Gauche*, nos domínios do *Quartier Latin*, onde se encontram os estudantes do mundo inteiro. Os quarteirões em face do rio têm a denominação de *Quai* e já nos são familiares através da literatura. *Quai d'Orsay, Quai Voltaire, Quai Malaquais, Quai des Grands Augustins...* Casas de antiguidades, lojas de quadros e gravuras, livrarias cujo sortimento faz a tortura dos colecionadores, exposições, escritórios de exportação transatlântica, papelarias, depósitos de bebidas finas, amontoam-se lado a lado numa promiscuidade que nada tem de vulgar. Cada prédio ostenta algo de peculiar na fachada, às vezes placas indicando quem ali nasceu, viveu ou morreu. Velhos bicos de gás iluminam as ruas, os mesmos bicos de gás que mostravam o caminho aos Três Mosqueteiros, aos florentinos da rainha Catarina de Médicis, aos cambistas ambulantes da Revolução. Em alguns pontos instalaram pequenas lâmpadas elétricas, mas isso não altera a perspectiva dessas ruelas estreitas, de muros cobertos de pátina de arcaico calçamento desigual.

Lá estão as pontes de linhas elegantes, transbordando o encanto que emana de todos os cantos de *Lutetia*, *Pont Royal*, *Pont du Caroussel*, *Pont des Arts*, *Pont Neuf*, *Pont Saint Michel*... E, circundando o rio que é a assinatura de Paris, eis os *bouquinistes*, os livreiros que, por concessão especial datando de Luís XV, o Bem-Amado, vendem sua mercadoria ao ar livre. Naquelas caixas cinzentas instaladas por sobre as amuradas, pode-se encontrar exemplares raros de Racine do século XVIII, um Voltaire com mais de cem anos, um Lamartine deliciosamente ilustrado. É só procurar.

Bouquinistes do Sena... Quantas gerações já desfilaram aos vossos olhos, quantos de vós já fostes substituídos, mas vossas caixas cinzentas não desapareceram, vossas caixas que compõem a delicada paisagem de Paris. O transeunte mais apressado, o homem de negócios mais antipoético do mundo, a velhota neurastênica, não podem deixar de parar ante vossas toscas montras, preciosas na sua simplicidade. Todos se detêm, espiam um pouco, folheiam páginas já amareladas pela marcha dos anos e pelo contato de outros dedos e se vão. Guardando sempre na alma um perfume de outras eras e, no olhar, a quietude de um rio, de tonalidades profundas, esverdeadas, de águas encrespadas às vezes. Tão ligado ao nosso coração.

A morte das fadas

É pouco todo o alarido que se fizer contra essa subliteratura infantil que infesta as bancas de revistas e muitas das livrarias do país. Não dispondo dos recursos da imaginação e do espírito, desprovida do senso de beleza e de poesia, certa classe de escrevinhadores americanos, usando um sensacionalismo de cabeçalhos de periódicos, pretendeu forjar nova mentalidade nas crianças modernas, bastante realistas para não suportarem mais os vaporosos contos da carochinha. Novas armas superatômicas e extrassônicas, pós que arrasam cidades, super-homens que vão de Mongo a Bongo, lâmpadas captadoras do raio da morte, truculentos X-9 e Mandrakes que não chegam aos pés de Sherlock Holmes, fluidos desintegrantes, aviões eletrônicos – sei lá, avalanches de fantasmagorias pseudocientíficas surgiram, mal ideadas e pessimamente escritas. A Estética e a Ética da época, dizem os pessimistas.

Nada disso: mau gosto apenas. Combinado à avidez de ganhar dinheiro, muito dinheiro, milhões de dinheiros. Porque esse negócio de quadrinhos com aventuras de Flash Gordon e Brick Braoford rende uma fortuna, publicados que são na maioria dos suplementos em circulação. Não dão trabalho para inventar e, no final, entra dinheiro e muito.

Grimm, Andersen, Peretz, Lewis Carroll, as mirabolantes aventuras do Barão de Munchausen, as histórias de Oscar Wilde, as coletâneas de contos da Carochinha e da Avozinha, as narrativas de Perraut nem de leve podem ser atingidos na intangibilidade de sua grandeza por essa avalanche de rabiscos desconexos e inverossímeis, mais inverídicos e improváveis do que os camundongos bigodudos de Cinderela.

Invenção por invenção, as "féeries" têm mais doçura, maior conteúdo lírico. Tome-se Charles Perrault, por exemplo. De onde vinham as histórias que transcreveu para as crianças? Graves sabichões pontificaram que foram trazidas do limiar dos tempos, simbolizando todas elas a luta entre a Sombra e a Luz e que a pátria do Chapeuzinho Vermelho foi, com certeza, a Índia ou a Bactriana. Assim, sob a "Pele de Asno" ou sob os andrajos da Gata Borralheira, esconder-se-iam velhos mitos solares e antigas cosmogonias. Divindade decrépita, Barba-Azul contaria, entre os ancestrais, com o deus Indra, de barba azulada também. E seus dois cunhados ("Ana, minha irmã Ana, não vês ninguém chegar?"), "um dragão, o outro, mosqueteiro", bem poderiam descender dos Açwins personificadores dos dois crepúsculos. Polegar teria vindo das margens do Ganges e o Marques de Carabas, imergindo da água, seria a alegoria do sol poente.

Velhas damas suscetíveis ou madrinhas benfazejas, as fadas esvoaçantes e as horrendas bruxas montadas em vassouras estão próximas a nós, seres de carne e osso. Revelam uma moral, uma tradição popular, a malvadez e a ruindade perdendo sempre no fim, ao entrar na "perna do pato". E assemelham-se, na forma literária, a fábulas antigas e a certos contos de Voltaire.

No dia do papai

Domingo, 9 de agosto, Dia do Papai. Bonita data. Dia do Papai. Hein, velho, é o seu dia, você será o rei. Se não fosse irreverência, eu poderia parafrasear Baudelaire: você será *"La Muse et la Madonne"*. Mas não farei essa pilhéria consigo, mesmo porque, em matéria de pilhéria, você é o maior. Contam-se verdadeiras lendas a seu respeito. É ou não é? Você se lembra daquela história dos bolinhos de fubá? Um dia, mamãe lhe deu uma travessa cheia, repleta até às bordas. Você devorou tudo. Devorou a segunda, a terceira. Não sobrou nada. Depois, mamãe perguntou:

— Como é, Isidoro? Estavam bons os bolinhos?

— Bons eles estavam. Mas eram escandalosamente poucos!

O seu humor, o inesperado de seus chistes...E aquela dor que eu sentia do lado? Você se lembra? Chegaram até a falar em psicanalista.

— Pois é, papai. Vai ver que tenho complexo de Édipo...

— O que é complexo de Édipo?

— Bem, é assim como se eu estivesse apaixonada por mamãe...

Lembro-me da gargalhada homérica que você desfechou em plena rua. Quá-quá-quá. Você chegava a se torcer.

— Quem teve essa doença fui eu. Mas agora já estou completamente curado!

Domingo, 9 de agosto, Dia do Papai. Que data maravilhosa! Como você merece ser lembrado, homenageado, reverenciado. Vejo sua cabecinha branca, os cabelos ondulados, uma onda caindo sobre a testa alta e nobre. Igualzinha à do seu neto. Como vocês se parecem, você e seu neto. O menino herdou de você o gosto por tudo o que é requintado, elegante e espiritual. Como se parece como o vovô. Hoje é netinho, amanhã será papai. E receberá também as homenagens de seus filhos, como elo que é da vasta cadeia humana.

Domingo, 9 de agosto, Dia do Papai. Meu coração se enche de ternura, de uma ternura tão grande que dá para envolver todos os papais da terra. Para momentos de delicadeza, pelos incentivos, pelo carinho, pela compreensão, esse imenso conjunto de coisas que só um pai faz pelos seus filhos.

Fulano é tão bom para mim! É um verdadeiro pai...

Pai não é mais substantivo, já virou adjetivo.

Falei do seu humor, não falei do seu grande coração.

Em nome da Arte

Dr. Pessoa, o senhor nem me conhece, nunca ouviu falar de mim, de modo que tenho de apresentar-lhe minhas humildes credenciais. Direi apenas que sou pernambucana, de sangue não tão azul quanto o seu, mas que ferve com enorme emoção quando se trata das coisas de nossa terra. Eu sou daqui mesmo, do bairro da Boa Vista, nascida e criada à sombra dos coqueirais e com doce de jaca dura.

Por todas essas coisas, meu caro dr. Pessoa, mando-lhe estas desalinhavadas linhas que são um pedido, não para mim, mas para todo o Recife e para o senhor, também.

Não deixe que se vão os músicos italianos! Estive vendo seus diplomas: que títulos nobiliárquicos! Lá na parede de minha casa há dois diplomas também, de escolas superiores. Quanta festa, quanta alegria causaram aqueles pergaminhos que pouco valem ante os que ontem me mostraram.

Ciências, Dr. Pessoa, jurídicas o ou não, toda gente pode estudar. Música, senhor, Música é um dom de Deus.

Agora que esses rapazes estão aqui e tocam de forma tão extraordinária, não permita que tornem à Itália por causa de uns míseros níqueis. Fundaram aqui um Quarteto, pretendem abrir uma escola de instrumentos de corda para nossos jovens patrícios.

O senhor que já nos deu tanta coisa boa, que reergueu o *Jornal do Comércio*, que pôs em circulação um vespertino, que erigiu uma estação de rádio, dê mais um presente ao Recife – dê-lhe os músicos italianos!

Soube que alguns artistas da sua emissora ofereceram-se para descontar parte dos respectivos salários a fim de não deixarem ir embora os colegas peninsulares. Que lindo gesto, dr., como dele me envaideço! Brasileiro é gente boa, nordestino é raça sem comparação.

No próximo domingo terá findado o prazo de "intermezzo" e entrarão em fogo morto as atividades dos cinco solistas. Acontece também – perdoe-me a intromissão – assinalar a passagem do aniversário de sua linda filha, a que tem faces de pêssego estrangeiro. Faça com que essa data não se transforme num dia nefasto, como no calendário romano, e, sim, num marco de satisfação para todos nós, da Mauriceia.

Filhos gostam de presentes, pecado de que sempre me penitencio. Mas estou certa de que sua garota rejeitaria o brilhante de um Marajá, a espada ardente de um guerreiro, para que não tivesse o desgosto de ver cinco homens tremerem de desespero e decepção ao voltarem para a Europa. Poria de lado, com asco, novos sapatos chegados por via aérea ao ver que o Recife poderia ter sido e não foi o centro de onde se irradiariam fortes fluxos de cultura em torrente de harmonia.

Imponha-se mais esse sacrifício, o senhor que é tão corajoso. Tenha um gesto de Cyrano, deixe flutuar seu *panache* à brisa do Capibaribe! Mostre o que vale um coração pernambucano, povo cuja faca de ponta não só rasga as entranhas do inimigo como serve para cortar pão para os que dele precisam. E na lembrança de todos nós brasileiros, e em alguns lares da Itália, dia 31 de outubro fulgurará engrinaldado de rosas.

Humor

Dá gosto de ler os jornais cariocas. Ao lado de cabeçalhos trescalando sangue e morte, cintila a espirituosidade dos frequentadores infalíveis do Café Vermelhinho e da Americana do Flamengo.

Como se sabe, o prefeito Ângelo Mendes de Morais* mandou derrubar, na praia do Flamengo, tudo quanto era árvore nacional. Para substituir as prosaicas e plebeias castanholeiras por abetos, faias, álamos, ciprestes e olmos. Saídos da literatura escandinava.

Desde a praia do Russel até a Curva da Amendoeira, em toda a extensão do passeio que antes era belo, restam apenas toros negros.

Os últimos moicanos da coivara inacreditável.

A atitude "descabelada" do angélico prefeito causou furor no Rio de Janeiro, provocando, é claro, torrentes de piadas.

Vejam só o que Álvaro Armando publica, nas suas *Humorglobinas* de anteontem. É uma mensagem, afirma, da autoria de Frederico Garcia Lorca e psicografada do Além.

CANCION FLAMENGA EN RIO é o título dessa delida em versos. Lá vai ela:

"Los arbolitos
Extienden tristes
Sus brázos mudos
Para el Señor

Y los bandidos
Los van matando,

---

* Ângelo Mendes de Morais era calvo.

De uno en uno,
Com furia igual.

Los arbolitos,
Cuerpos desnudos,
Parecen almas
Llenas de horror.

Y los bandidos
De don Morales
Los van matando
Sin compasion

Y don Morales
Que puede tudo,
Pasa sonriendo
Sin lo mirar!"

    É isso, general Ângelo. Pelar o Flamengo, às portas do verão, para plantar carvalhos e rododendros, é não ter mesmo nada na cabeça. Nem cabelo.

Arnaldo

RIO, fevereiro – O quarto dele não comporta mais tanto brinquedo. São ursos cabeludos, carinhos de mola, pandeiros, cornetas, aviões já sem asas, caminhões arrebentados, trens destroçados, pianos com som de cuícas, bolas de todos os tamanhos. Para tudo ele olha com um ar enfastiado de quem conhece os imensos segredos que a vida tem. Um dia, fascinada por um jacaré fabricado na Grã-Bretanha, amarelo e horrendo, levei-o para Arnaldo, ansiosa por ver o bicho rebolar, mexer-se no jeito do Jabberwock de *Alice no País das Maravilhas*. Jacinto, nas profundezas do seu tédio, se importava com os badós "furiosamente negros" da Madame Verghane? Assim Arnaldo se comportou ante aquela pequena maravilha do engenho humano. Teve um muxoxo enfastiado. Quando lhe dei, porém, uma velha escova de dentes com um apito dentro, dessas que a gente põe no lixo mal acabada de comprar, o menino delirou. Seus olhos brilharam como os de Jacinto ao verem as serras onduladas de Tormes.

– Me dá, me dá...

Num rasgo genial, quis aproveitar a oportunidade. O velho sangue, sempre atrás de lucro.

– Arnaldo, vamos comer? Comer? Só um pouquinho...

Os morangos gelados em éter, as carpas da Dalmácia, os faisões da Indochina, o café da Arábia longínqua deveriam ter idêntico sabor para o entediado Príncipe da Grã-Ventura. Jacinto comia os quitutes do 2021. Assim Arnaldo comeu o almoço que, em vão, procurei lhe dar. Rebusquei no oco cérebro, cutuquei a memória, vasculhei os contos de Perrault, miei como o Gato de Botas, uivei como o Lobo Mau, voei como o Pégaso e a Bruxa montada na vassoura. Como no suplicar de David, das profundezas, eu roguei, humildes salmos entoei. Arnaldo continuou apitando na escova, indiferente e distante.

Até que chegou Maria, a senhora e a rainha. Maria merece um capítulo, dez capítulos. Uma novela inteira. É magra, é verde, pisca do olho esquerdo, bambeia do lado direito. Diz que é noiva de um paulista rico, cheio da nota.

– MARIA! BONITA!

A face de Arnaldo se ilumina, como a de Sir Galanhad avistando o Santo Graal.

– MARIA! BONITA!

Maria apanha o prato, segura a colher, ajunta um montão de carne, de arroz, de chuchu, de batata amassada. Num sorriso feliz, deliciado, Arnaldo abre a boca, uma vez, duas vezes, vinte vezes, trinta vezes. Maria queira. E come, mastiga, engole, pará de apitar, vai dormir, deixa de chorar quando ela quer, toma banho quando ela manda.

– MARIA BONITA!

E eu fico matutando sobre Maria, verde, magra, bamba do lado direito, vesga do lado esquerdo, noiva de um paulista bonito, cheio da nota. Que fascínio, que mistério, que encanto terá ela que eu não tenho?

SEGUNDA PARTE

Coluna Registro, *Jornal do Comércio,*
Rio de Janeiro, 1961-1965

Estreia

A gente passa a vida na província, sonha com terras desconhecidas, familiares apenas pelas páginas de romances e fitas de cinema. E um belo dia Deus se lembra de seus humildes filhos e atira-lhes a sorte grande. Viagem à Europa, temporada em Paris! Salto vertiginoso em avião, pulo sobre o Atlântico, África, negros de pulseira na perna, o Tejo escuro e histórico, as neves eternas da Suíça, lagos cercados de pinheiros, idiomas incompreensíveis, iguarias estranhas e complicações nas fronteiras. Horas de ansiedade, angústia, cansaço e vontade de chegar. Enfim, PARIS!

A Torre Eiffel, o Obelisco da Place de la Concorde, a Notre-Dame, a Ópera esverdeada, a Rua de L'Hirondelle, de L'Arbre Séc, du Cherche-Midi, inevitável itinerário dos aficionados de Dumas pai. A estranha beleza do rio Sena, correndo tranquilamente sob as pontes, enquanto pintores de todas as raças e de todos os estilos tentam captar "o instante que passa" de que fala Goethe. Alguns com evidente sucesso, pequeno público agrupado lá em volta das telas. Outros, *hélas!*, fazendo força por amor à arte. O Bosque de Bolonha, o enorme lago rodeado de arvoredo, num colorido à Watteau, esplendoroso na Primavera, fascinante no Verão. E a Rue de la Paix, com seus joalheiros famosos, Cartier e Bucheron para os adereços das princesas e das artistas em voga: Burma, especialista em reproduções perfeitas de joias legítimas.

Flores por toda a parte, jardins e mais jardins, cheios de crianças que brincam com minúsculos barquinhos nos *bassins d'eau*: os Champs Elysées limitados pelo Arco do Triunfo da Place de L'Étoile e o Arco do Triunfo do Caroussel, toda Paris parecendo um jardim imenso com algumas casas no meio.

Mas chega um dia e temos de voltar. Para casa, para as mangueiras, para os coqueiros e palmeiras que se agitam brandamente, para o Carnaval, para o Verão, para a crônica diária que hoje se inicia.

9 de novembro de 1961.

Holanda

Forte, loura, saudável, aquela matrona holandesa pergunta se eu tenho capas de *gabardine* para vender. Não, não tenho capa de *gabardine*, nem capa nenhuma para ninguém. Mas fico fitando seus olhos, seus plácidos olhos azuis tão idênticos aos das telas de Ruysdael.

Fala português comigo e só eu posso entender o português que ela fala. Porque, parodiando o poeta, desafio a anatomia, eu sou toda coração. E é por ele que escuto, por ele que torno a ver. Enquanto aquela matrona holandesa pergunta se eu tenho capas de *gabardine* para vender.

Não, minha senhora, não vendo capa. De *gabardine* nem de coisa nenhuma. Mas gosto de seu país, tão lindo que parece de mentira, a gente arregalando os olhos, escancarando a boca como se fosse engolir as pastagens onde as vacas preto-brancas ruminam majestosas. Enquanto os automóveis rolam por estradas ladeadas de flores e de outras estradas-mirins, para o tráfego dos ciclistas.

Scheveninguen. Haia. Rotterdam dos passeios de barco. Haarlem das mil flores, das crianças, dos frutos, do Museu Franz Hals, do realejo tocando em ruas de gravura antiga. Os longos passeios solitários à beira dos canais de Amsterdã, a toda hora singrados por embarcações de vasos com gerânios nas janelas. Enfeitados com cortinas de estampa alegre. A bandeira de listras deitadas flutuando brandamente.

O mercado de queijo às sextas-feiras, no pacato recanto de Alkmaar, nativos em trajes típicos vendendo tamancos envernizados, enguias defumadas e cachimbos de porcelana, na ilha de Marken, onde o pôr do sol é tão belo como as fachadas das casas que se afinam para o alto. Pintadas de marrom-escuro com risquinhos brancos.

A Holanda! Dos arenques por todos os cantos, do leite que parece creme, do creme que tem gosto de pudim! Dos sapateiros de alvas vestes, dos guardas falando inglês; das balsas carregando automóveis com passageiros dentro; dos pardais que vêm comer à mão dos transeuntes, sempre dispostos a dar de comer aos pardais...

Não, dona, não vendo capa de *gabardine*. Distribuo, isso sim, aos punhados, as lembranças de sua terra, a doce terra dos moinhos.

10 de novembro de 1961.

Delírio

Abro a torneira e jorra água. Transparente, radiosa, saltitante. Parece um bando de diabinhos assombrando os tresnoitados. Aproveito e lavo tudo. Lavo a roupa, lavo a louça, lavo a alma.

Toca a campainha da porta e vou ver quem é. Beleza. A nova empregada, a que tratei e chegou. Na hora certa, maleta às costas, pronta para ficar. Sabe tudo. Cozinha francesa, inglesa, chinesa, cubana, romena, indiana, baiana, afganistana. Adora criança, detesta cinema, odeia Carnaval, seu maior desejo é passar os fins de semana com a família dos patrões em Teresópolis. Referências? Exibe documentos firmados e reconhecidos em cartórios: presidentes, senadores, marechais, ministros...

Vou à feira. Quer dizer, vou porque quero, porque gosto. Senão, a feira viria a mim. Abrem alas à minha passagem.

– Pelo amor de Deus, senhora, leve essas tangerinas. Duzentos réis o cento!

– Banana prata e maçã! É tudo oferta do feirante!

– Hoje a freguesa não paga, vai levando o que quiser.

Ninguém se aborrece pelas ruas. Estão limpas, varridas, enxaguadas. Até anil passaram nelas. Vez por outra a gente cai, mas não reclama. Também quando cai, já cai direto num buraco. Feito sob medida, carinho da Prefeitura. Não, digo, do Governo. Do Governo? Será? Qual, este agora está muito ocupado com outras coisas.

Compareço ao açougue A DELÍCIA DA MULHER. Gentis, lustrosos, os amigos me recebem:

– Contrapeso? O que é isso? Então a senhora não sabe que essa palavra já saiu do dicionário? Nosso quilo tem mil gramas, nosso estoque, hemogramas!

    Quando regresso, o faxineiro já limpou tudo. O assoalho não tem que ver o do Museu Imperial lá de Petrópolis. Só falta mesmo é colocar as chinelas na soleira. Lavadas as portas, os umbrais, os janelões. Nada pingou pelas paredes, marca nenhuma ficou. Foi um colibri de vassoura que adejou.

    A televisão funciona, o rádio canta e o dinheiro sobra. Lambreta nesta rua não passa. Nem os operários berram na obra.

11 de novembro de 1961.

Oferenda

Esta é para ti. Quem sabe foste um dia meu chofer? No teu veículo, quem sabe, levaste-me a algum lugar que já esqueci, num dia que não recordo, ao encontro de alguém que já evaporou?

Para te homenagear, esta crônica. Quem sabe me penteaste?

– Depressa, Figarozinho, tenho de ficar formosa. Como a rainha do mar!

Talvez tivesses sido meu médico. A tremer, sob cobertores, é possível que me houvesses visto.

– Não posso ficar doente, doutor. Quero ser forte como a brisa que sopra de madrugada!

Só para ti. Quem sabe foste meu confidente? Cartas, recados, cochichos, horas chorando no teu ombro. Quem sabe?

– Pois é, disseram ontem que...

Meu carteiro pontual. Lembro-me de ti. As manhãs desabrochavam cálidas, azuis, como as palavras que pingavam no meu coração.

– E hoje, carteirinho? Que me trouxeste hoje? Sou uma deusa? Sou uma fada? Ou verei o sol à meia-noite?

É toda tua, esta oferenda. Quem sabe estudamos juntos? Na minha casa ou na tua, nos teus cadernos ou nos meus.

– Dita depressa, menino. Quero passear de bicicleta.

Meu examinador, talvez me reprovasse, indiferente. Talvez por tua causa eu tenha perdido as férias em Guarulhos.

– Não sei o ponto, *Magister*. É o único que não estudei!

Quem sabe foste meu patrão? Provavelmente me perseguias, talvez eu não colaborasse. Cedilhas em lugar de til, somas em vez de subtrações. Os erros se multiplicavam. Quem sabe?

Só para ti.

Exclusivamente para ti. Esta oferenda. A teus pés a deposito.

Talvez foste o meu escravo. Talvez foste senhor. Talvez foste rubro cravo. Só sei que foste uma flor.

12 de novembro de 1961.

Cá e lá

Ao sair das brumas com que o Inverno envolve a Europa, deliciei-me com o Verão da minha terra, os dias sempre azuis, as noites enluaradas, convidando às serenatas. É o calor que não abafa, é a temporada das praias sem rival, é a estação das mangas, das jacas, das jabuticabas, dos frevos ruidosamente espalhados pelo ar. Dos piqueniques sob os coqueiros, das caminhadas, das longas caminhadas pelos areais cobertos de mariscos e caravelas. É o Verão do Nordeste, trescalando a melaço, a maracujá, a abacaxi pico-de-rosa. É o olor da pátria que nenhum perfume substituirá.

Em Paris, o Verão chega ao auge em agosto, quando o sol começa a pensar que está nos trópicos. Fecha a maior parte dos cafés, fecham as casas de negócios, os restaurantes, as escolas, fecham os institutos de beleza, fecham os principais teatros e os maus movimentados cabarés. Modistas da Rue Royale, catedráticos da Sorbonne, cantoras de Montmartre, antiquários da Rue do Mont Thabor, *midinettes*, milionários, burgueses, operários, funcionários públicos, estudantes – é toda uma humanidade que se locomove, de trem, de carro, de bicicleta dupla. Alegres, satisfeitos, de roupas leves, como se fossem a alguma festa campestre. Partem todos. Para as praias da Bretanha, para Dinart, para Lancieux, onde vivem os descendentes dos primitivos celtas, de olhos azuis como os das bonecas. Para as aldeias à orla do mar, onde as mulheres usam toucados de renda e negras saias tradicionais. Para a Normandia, onde a cidra tem o sabor de uma rima de Ronsard, de um traço de Matisse, de um canto de Milhaud. Para Deauville, a praia das mil flores iluminadas a holofote. Para Trouville, de macieiras floridas, os pessegueiros carregados de frutos vermelhos, resplandecendo ao sol como os corpos dos banhistas. É a safra da Côte D'Azur, de Nice, de Cannes, de Biarritz, das pescarias dos ricaços americanos enfarpelados em curiosos blusões de estamparias raras como as porcelanas de Bernard de Pallissy.

E o turista brasileiro, face a face com a canícula parisiense, atônito ante as ruas semivazias e tristonhas, pensa que aquilo é a capital da França. Tem saudade da fala do Brasil, tem a sede da água do Brasil, tem fome das estrelas do Brasil.

Mas vai ficando para ver como é o Outono. E sua desilusão se vai, como as folhas dos castanheiros, dos plátanos, a rebolar pelas calçadas.

13 e 14 de novembro de 1961.

O dia de hoje

Talvez seja uma simples efeméride. Uma folha que se destaca no calendário e retornará nos anos repetidos. Mas é uma data cívica e contém nobres impulsos de uma geração, anseios de uma longa pregação republicana, seu desfecho ocorrido em 15 de novembro de 1891.

Nossa História cabe em pouco mais de quatro séculos. Não é muito. Qualquer monumento de pedra, na Europa ou no Oriente, é bem mais antigo. Seus fatos, no entanto, são grandes e nobres, generosos como a alma do povo brasileiro. Se os suíços precisaram criar a figura de Tell a voltar a flecha destinada contra o peito de um filho, se tantos outros povos mais velhos precisaram criar mitos cívicos para os festejos da nacionalidade – nos sobejamos em histórias reais. E homens verídicos, como Deodoro, como Rui, como Benjamin Constant.

Foi uma bela revolução, a revolução republicana. Na medida exata do nosso gosto: "entre mortos e feridos escaparam todos". Ruiu um Império? Não. Saiu um imperador, idoso, muito bom, extremamente culto. A Pátria ficou e até cresceu depois, ajudada pelo imenso trabalho diplomático de Rio Branco. Sofreu um pouco para substituir a mão de obra escrava: ganhou em homens livres.

O câmbio caiu. Não estava mais ao par. No entanto nasceram indústrias, prosperaram e os pobres já não eram tão pobres. Ganharam em liberdade. Fazendo ligeiro retrospecto, veremos que houve alguns delíquios ditatoriais, mas vencemo-los. A República permanece.

Somos vinte e dois estados e quatro territórios numa só Pátria. A Constituição não permite substituir a forma de Governo e, mais do que a Lei, o pensamento nacional não tolera nada fora do seu espírito. Parlamentarismo ou Presidencialismo, não importa.

Somos uma República representativa, o voto é válido, não há mais atos eleitorais a bico de pena.

Estamos em crise? Que país não está? A República, a bela República Brasileira continuará. Vamos festejá-la. Vamos fortalecê-la. Vamos amá-la para que, escudada na nossa devoção e na ternura nossa, consolide-se a Pátria, para a Eternidade.

15 de novembro de 1961.

Rachel de Queiroz

Hoje não vou trabalhar. É dia de festa. De uma festa imensa, maravilhosa, cálida e que ultrapassa a sala de visitas do apartamento onde pouso. A festa é de todo o Brasil, dos gaúchos, dos cearenses, dos alagoanos e paulistas, dos capixabas e acreanos, dos paraenses e goianos: faz anos Rachel de Queiroz.

Quantos? Não sei. Jamais a vi. Talvez nunca chegue a vê-la. Em pessoa. Porque, pensando melhor, todos já a vimos e todos a amamos. Se a face oculta ficou, a alma, esta a mostrou e distribuiu pelos recantos da Pátria, sorrindo, chorando, ensinando, aprendendo, sofrendo, brincando, cantando, entendendo. É a própria imagem do Brasil, irisada, multicor, sensível e forte. Pois não é Rachel uma sertaneja dos rincões de Padre Cícero?

Não farei aqui a crônica dos méritos dessa romancista que abalou a crítica literária aos dezoito anos de idade. Silenciarei sobre a autora de peças teatrais, porque me falecem méritos para tanto. Acerca da escrita diária e que encanta os leitores, dos eruditos aos menos requintados, não falarei.

Porque hoje é dia de festa. Sirvo champanha para todos. É o aniversário de Rachel de Queiroz, da grande Rachel de Queiroz.

Acabaram-se os problemas, não há bombas nem Nikitas. Nasser ficou de bem com Israel, o cruzeiro se fortificou. Água no Guandu é mato e a situação toda melhorou. Porque hoje faz anos Rachel e o mundo se apaziguou.

Mandei buscar, no Recife, um ramo de jasmim-do-cabo, montes de manjericão, galhos de casuarinas, rubras flores do cajueiro em botão. Trouxe as espumas do mar, pontilhadas de serestas. Umas mangas-carlotinha, uns pés de coqueiro-anão. Roletes de cana-caiana, oiti da praia e pitomba, pra botar na sua mão.

Falando assim, penso eu, falo por toda a Nação.

16 e 17 de novembro de 1961.

Um cruzeiro forte

Um cruzeiro forte. E por que não? Um cruzeiro musculoso, um cruzeiro legal, um cruzeiro Tarzan. Quando fosse passando os dólares esmirrados e as libras caquéticas se pusessem a tremelicar à sua frente:

– Arreda, sai do caminho. Sabe com quem está falando? Sou o cruzeiro brasileiro!

Pois é, com o cruzeiro forte, ninguém pode, que é de morte. Aí eu faria logo minhas malas. Ia até Paris. Desembarcava direto na Maison Dior, sem acanhamentos:

– Quero um, quero dois, quero vinte vestidos, melhores do que os de Farah Diba. Pago já, em espécie, cruzeiro forte!

Dava um pulinho até Guerlain, gosto muito de "L'Heuse Bleue". Velhas feridas, velhas saudades.

– Litros, me dá em litros, em barris, em tonéis. Manda tudo de avião, lá pro Leblon. Pago tudo na hora. Em cruzeiro forte!

E uma sopinha à *l'oignon* no mercado, no "Chien Perdu"? E um lugarzinho na Ópera, bem na frente na *orchèstre*? E uns bailaricos no Lido, perto de mesa de turista americano?

Depois, um salto ligeiro à Bruxelas. Milhões de quilos de cerejas, assim no meio da rua, como quem compra pitomba. Ou ingá.

– Me dá esses chocolates com rum, com licor, com nozes, com passas, com avelãs, me dá tudo, me dá todos! Pago em cruzeiro. Forte.

Ia para Amsterdã. No paredão do Rijkmuseum mandava arrancar *A ronda da noite*. Com parede, com os mosqueteiros, até com a pequena galinha bem da frente:

– Me vende esse Rembrandt. Despacha pro Brasil, pro Museu de Arte, lá na rua Sete de Abril.

O rio Arno, talvez fosse buscá-lo em Florença. Em Firenze, a calma. Os rios me atraem, do Sena ao Capibaribe. Há qualquer coisa de sagrado em suas águas, há um mistério vago no encrespar das fracas ondas.

– Me embrulha esse rio aí, manda pro Rio. Não é cheque não, é dinheiro, é cruzeiro. Forte. Fortíssimo.

Ante meu agudo de ópera, me obedeceriam. Cairiam a meus pés, maravilhados.

18 de novembro de 1961.

O homem das petecas

De súbito, rompendo a multidão que se amontoa nas areias fumegantes da praia, lá vem ele. Direitinho um potentado africano, um Chico-Rei, um Rei-Nagô.

Alto, lustroso e esbelto, é todo penacho, de alto a baixo. Cyrano, se o visse, morreria outra vez. De inveja. Cobrindo-lhe a cabeça congolesa ou zanzibaresca, sobrinho ou primo do marechal Okello, carrega uma imponência atávica, de intimidar até mesmo De Gaulle e suas *chinoiseries*.

Pisa nos mariscos, nas flores murchas da macumba extinta, nos copinhos vazios de sorvete, nos papéis velhos e na areia abrasada, como se pisasse no purpúreo tapete dos faraós.

Mal olha para os banhistas estirados ao sol de fevereiro, dourados uns, semirroxos outros. As mulheres de biquíni e chapéus provocadores causam-lhe o mesmo efeito morno das ondas povoadas de crianças e peixinhos de prata.

É o homem das petecas, o homem enfeitado de cores, de penas e de ilusões. Sente-se rei, e a praia é o seu reinado. Ave, César!

18 de novembro de 1961.

O moinho

Direis que é uma recordação. Eu vos direi que é um registro. Algo que fixou-se na memória e, quem sabe, talvez dentro do insofrido coração. Olho a figurinha de Delft, branca e azul, tantas vezes esmiuçada pela curiosidade nunca inteiramente satisfeita. E sorrio, pela milésima ou milionésima vez. O moinho... Faço o tempo recuar, rejuvenesço, ponho de lado a sensatez.

As portas de Rotterdam, o céu... têm outras tonalidades, matizes outros. O azul é profundo, nuvens enfarruscadas ali se enrolam como flocos de espuma escura.

– Olha outro moinho! Para, vamos dar uma olhada...

É claro que vamos parar. Vamos dar uma olhada. Mesmo porque, se eu não entrar nesse moinho, vai me dar uma coisa. Há quantos anos, meu Deus, venho sonhando com moinhos! E o de Alphonse Daudet está tão longe agora...

Paramos bem defronte do moinho, à margem da estrada, tudo cercado de flores, de trigo ou de batatas.

Desço correndo do carro, solto a cancela recoberta de lilases e, sem bater palmas nem pedir licença, logo inspeciono o local.

Vejo a roda, pego na roda. É enorme, parece feita de pentes gigantescos. Mexe-se por um intricado sistema de correntes e cordas que ficam na parte anterior da construção. Quando entendo que aquela porção de correntes, alavancas e cordames servem para botar o moinho em movimento, começo a fazer força e a puxar. Só para ver como é que um moinho holandês funciona.

E é aí que a porta se abre e aparece o dono do moinho. Alto, forte, com um jeito de oficial da marinha à paisana. Entretida na operação de desamarrar os nós mais górdios da minha vida, nem me abalo. Talvez diga um "alô" sem mesmo virar a cabeça. O homem olha bem para mim, tira uma baforada do cachimbo e sorri. Depois principia a me contar direitinho, com eloquência, espirituosamente, como é que a roda gira, como é que funciona. Enumera as manivelas, as cremalheiras, entremeia os detalhes técnicos com frases sutis e de raro bom gosto. Lá na língua dele, de sons fortes, guturais, arrancados do fundo da garganta, de uma sólida garganta holandesa, regada a leite de vaca de raça.

E é por isso que não posso repetir aqui como é que o moinho se move, como chupa a água de um campo para outro. Sei apenas que palestramos longamente. Ele no idioma de Maurício de Nassau, eu, certamente, no de João Fernandes Vieira.

19 de novembro de 1961.

Casinha pequenina

Não. Não posso dizer com segurança que sou argentina. Logo, erraria se me declarasse argentina pobre. Mas a notícia que o jornal agora traz, dá-me vontade de ser ambas as coisas. Argentina. E argentina pobre. Vejam vocês: "Uma empresa norte-americana assinou um contrato de 28.000.000 de dólares com o governo argentino para a construção de 4.000 casas para os pobres da zona metropolitana de Buenos Aires..."

Preciso tanto de uma casa. Assim de oitões livres, terraço amplo com mesa de pingue-pongue, árvores no fundo do quintal, umas mangueiras, uns cajueiros cheirosos, as folhas largas espessas, frisadas quando umedecidas pela chuva. Sapotizeiro não, porque dá morcego. Goiabeiras me agradam, a gente pode fazer uns bodoques alinhados, fortes, a madeira se presta para isso, é de boa qualidade. Pitangueiras ficariam harmoniosas se arrumadas em aleias, um grupo de um lado, um grupo de outro. Quando surgem as frutas, é uma brotação infindável, parecendo um céu pontilhado de estrelas amareladas. Mamoeiro não vale a pena. Destoa dos ambientes cariocas. Adapta-se melhor às pirambeiras teresopolitanas. Como os pés de banana-ouro.

Já imaginaram uma casa construída só para mim, com dinheiro norte-americano, cheia daqueles utensílios que fazem a criatura amar sua cozinha? Telefones aos montes, brancos, verdes, lilases, multicores. Geladeiras triangulares, quadradas, redondas, transparentes, opacas, leitosas, fosforescentes. Tapetes como os sultões de Scheherezade nunca sonharam pudessem ornar um chão. Colchões com ar encanado, lençóis de asa de passarinho, cobertores mais cálidos do que os doces vinhos da Borgonha.

E máquinas, máquinas, máquinas. Máquinas que fizessem mungunzá, galinha de cabidela, doce de jerimum com coco, sioba de escabeche, paçoca de carne de sol.

20 e 21 de novembro de 1961.

Itacurussá

Primeiro foi o norueguês. Carlos, o nome dele. Durante a última guerra, serviu na marinha britânica, marujo num submarino. Um dia, a metralhadora cantou, bateu na perna do homem. Foi operado e tudo parecia bem. Depois a ferida abriu, não quis mais fechar. Tiraram-no do submarino, mas ele não se interessou mais por Oslo. Preferiu o Rio de Janeiro, de onde, ninguém sabe como nem por quê, rumou para Itacurussá.

E é aí que se desenrolou um capítulo à moda das histórias de Somerset Maugham. Carlos viu a Ilha e gostou. Viu a irmã de Nagib, a irmã do dono do hotel, e gostou. Resultado: casou com a moça e nunca mais saiu do lugar. A ferida jamais sarou, o que não o impede de trabalhar na construção de motores para lanchas e outras embarcações de pequeno calado. Alto, gordíssimo, vermelho, lá vai Carlos, o norueguês, empoleirado na popa de um barco, tal e qual um herói viking. Dá puxavão numa corda, torce manhosas molas. E sorri, sorri, sorri. É feliz. Faz o que sua alma pede.

Com Egar sucedeu coisa parecida. É pernambucano, oriundo de Bezerros. Quando perguntei se era meu conterrâneo, seu rosto de desenfarruscou. Acendeu-se. Parecia ter uma lâmpada por dentro. Mora no sul desde os quatorze anos e nunca mais voltou aos velhos pagos. E fica falando, falando, lembrando, contando. Diz que tomava refresco de maracujá e garapa de cana caiana no pé da ponte da Boa Vista. A cem réis o copo... Comia bolinho de camarão, também no mesmo recanto. E pela mesma quantia. Desfaço-lhe as ilusões, sem piedade. Por cem réis, nos dias de hoje...

Também ele veio um dia, viu a ilha e gostou. Viu a moça, outra moça, irmã de não sei quem. E ficou. Botou loja, perdeu dinheiro. Abriu um boteco, encheu-se de dinheiro, mas detestou o trabalho.

Vendeu tudo, deu todas as gravatas que tinha. Agora anda de *short*. Descalço. Sem camisa nos doze meses do ano. É feliz. Faz o que sua alma pede.

Enamorado de Itacurussá, não quer saber de outros lugares, maiores ou menores. Trabalha com motores também, passa o dia na água do mar. Só come comida que o mar dá. Como Carlos, o norueguês, ficou fisgado na ilha, faz parte de sua paisagem, é dos seus encantos, um escravo do seu mistério.

22 de novembro de 1961.

Reforma agrária

Eu também vou fazer uma reforma agrária. No meu coração. Olho fixo lá para dentro e me assusto. Quanta injustiça social! Profunda deve ser a mudança, assim como está, não pode ser.

Os latifúndios. Vastas regiões desanimadas, despovoadas, cortadas aqui e ali pelos secos riachos da recordação. Folhagens desbotando tristemente, pássaros-profetas augurando solidão.

O usucapião. Ordinário. Extraordinário. Campinas sem cultivo, endurecidas à força de saudades, o eco soturno da paisagem sem senhor. Vales entregues a si mesmas, ao cego, mudo, anônimo feitor. Colinas refulgindo à luz de bárbaro sol desconhecido.

Mal dividido. Este pobre coração. Enriquecidos de Natais serranos, de avelóis e de mandacarus, de cegos cantando nas feiras, de rodas de carro-de-boi, de rondas sob a luz do luar, de secas quando se pedia água, de vento quando se implorava amor.

Uma reforma. De base. Que transforme o antigo, que a tudo arrase. Derrubando os mitos, os ídolos e os símbolos todos, na coivara dos altares profanados. Suma-se o falso, abaixo o inglório, fogo e ferro para os monarcas absolutos deste miocárdio espoliado.

Mas não arrasado. E eu vos direi, no entanto, ó posseiros destes meus ventrículos, ó campônios destas aurículas minhas. Hosana! Aleluia! Porque a reestruturação é imperativa, há lugar para vós todos.

Com os ápodos. Queridos! Bem-amados! Lindezas! Belezas! Uma nova ordem emocional, é o fim da exploração da alma da mulher pelo facão do homem. Mudaram os tempos, abram-se os portões.

Dos corações. Agrilhoados, envilecidos, subordinados, entristecidos.

Por isso urge uma reforma de base. Que a tudo extinga. Mas que a nem todos abrase.

26 de novembro de 1961.

Num museu

E um dia quis devolver-lhe as gentilezas. Sem maiores obrigações para comigo, levava noites em claro, tratando da minha dor de garganta, acalmando-me o coração aflito, pobre bolsista brasileira perdida nas selvas de Paris.

– Dona Maria, já estou boa. Hoje vou levar a senhora num lugar...

E levei-a ao Louvre.

– Esta é a Vitória de Samotrácia. Os homens tremem quando a veem. Foi encontrada há muito tempo e dizem que data de seis séculos antes de Cristo...

Ela deu um muxoxo.

– Esta daqui é a Vênus de Milo. Gerações se arrepiam à sua frente. Olhe as pregas do manto dela. É mármore, parece cetim...

Virou o rosto.

Mostrei-lhe os filósofos, dos estoicos aos pré-socráticos.

Tossiu.

Fomos ao porão.

– Este, o famoso "Escravo" de Miguel Ângelo. Repara as mãos, os braços, as pernas, as veias. Direitinho gente, não é?

Aí ela soltou o verbo.

"Primeiro você me mostra uma dona sem cabeça. Depois outra sem braços. Adiante um bando de mendigos pedindo esmola. E agora por que e envergonha com esse homem nu? Vamos para casa. Hoje mesmo vou escrever para sua mãe..."

29 de novembro de 1961.

A capital do mundo

Aquela moça falando francês aos brados, cabeleira solta vampirescamente, longa piteira de marfim entre os lábios, anel faiscante no dedo mínimo da mão esquerda, está me dando uma saudade louca de Paris. É verdade que o frio agora deve ser ameaçador, as pessoas andando pelas ruas depressinha, aos pulos, abafados em capotes cor de noite feia. E fazendo fumaça com a respiração.

Mas é Paris, caramba! Paris das mil e uma nacionalidades, dos egípcios de fez vermelho na cabeça, das chinesas saltitantes, calças compridas e tamancos batendo nas calçadas onde rangiam as botas dos Três Mosqueteiros e dos gascões de Cyrano de Bergerac. É Paris dos restaurantes exóticos, dos peixinhos vermelhos nadando em vitrinas especialmente arrumadas para a curiosidade dos passantes, venha ele do Brejo da Madre de Deus ou do Curdistão. Onde os cabritos são temperados em molhos de vinhos raros, onde há trutas de riacho, carpas de lagos líricos.

É Paris das ruelas tiradas do sonho, das janelas onde se vê pendurada a roupa ainda por enxugar; dos vasos de rubros gerânios, dos nomes que fazem o coração bater: *Rue du chatquipêche, du Cherche-Midi, de l'Hirondelle, de l'Arbre Séc, de la Parcheminerie...*

É Paris, de Montmartre, do Sacré Coeur, da Rue d'Anvers, gordos senhores de avental e gorro de mestre-cuca vendendo batata frita na hora.

– *Des frites, des frites! C'est vingt francs, vingt francs!*

Paris, Paris das Torres Eiffel em miniature, dos perfumes, dos lenços coloridos, dos bistrôs, dos castanheiros, das fontes luminosas, das crianças brincando com barquinhos, da estátua a Perrault dos contos de fada. Dos ramos de flores murchas por todas as esquinas, sobre as placas em memória dos imolados pela Pátria. Paris do *petit vin blanc*, do *muscadet*, da *chartreuse* verde, da salada ao fim do almoço, de *camembert* de cheiro forte. Dos figos, das maçãs, dos morangos, das cerejas, das ameixas, das laranjas sanguíneas e dos cogumelos.

Nunca ela deveria ter aparecido, essa moça de anel faiscante no dedo mínimo da mão esquerda, longa piteira de marfim entre os lábios, a cabeleira solta vampirescamente. Falando francês daquele jeito tão Paris. Porque veio deixar na minha alma um gosto de cidra normanda.

1° de dezembro de 1961.

Paixão fatal

Assim que meus olhos se puseram nele, amei-o. Brotou em mim o sentimento que põe em tensão todas as potências da alma e que povoa de iridescências o mundo em redor. Parei, extasiada.

Tinha a medida dos meus braços. Ou melhor, dos meus abraços. Claro, belo e sutil, tornou-se uma obsessão. A brisa que desmanchava meu penteado era ele. O aroma dos cajueiros na floração estival era ele. O ritmo dos sarrafos atirados no rio pelos pescadores noturnos era ele. O sussurro dos coqueirais, o estrondo do trovão, o cantar dos bem-te-vis era ele.

Pernambucano? Não sei. Paulista ou turco, que importa? No calor da juventude, isso perdia significação. Aos quinze anos se sabe tudo, dos vinte em diante ninguém pretende saber mais nada.

Eu o queria. Loucamente. Cada vez mais. Tremia, chegamos mesmo a nos fitar. Muita vez fiquei perdida na sua frente, olhando, olhando, incapaz de uma atitude maior.

Estava sempre ali. Raramente mudava de lugar. E em qualquer ângulo me servia, de noite ou à luz do dia. Ò atormentadora paixão, como eu me consumia!

Até que não aguentei mais. Botei meu vestido mais lindo, enchi a bolsa de dinheiro, fui até onde se encontrava. Entrei na loja e falei:

– Me dá esse casaco verde aí da vitrina, tamanho quarenta e seis!

E o coração não me enganou. Tinha a medida dos meus braços. Ou melhor, dos meus abraços. Nem um centímetro a mais. Perfeito.

Acompanhou-me em Paris, aqueceu-me na Holanda, confortou-me em Bruxelas. Sutil, belo e claro, só lhe faltava falar.

A todos que me perguntavam, eu dizia que era da minha terra, lá não se usa mais flecha e cocar.

Vi-o, amei-o, é meu. Passeamos juntos na floresta de Fontainbleau, juntos visitamos a Catedral de Barcelona. Trememos o inverno na Europa e trememos ainda nas friagens teresopolitanas.

2 de dezembro de 1961.

Leda e os patos

No começo foi um espocar de trocadilhos. Folgazão, saiu às ruas o espírito do carioca, numa pirotécnica verbal que variava do gracejo requintado, por vezes erudito, numa alusão flagrante à homônima e seus amores com o cisne, à pilhéria rude do cotidiano.

– Eu, hein, dona Leda! Mulher dirigindo lotação...

– Vai pra cozinha! Lugar de mulher é junto das panelas...

– Te cuida, Ledinha! Estás pensando que gavião é cisne?

Dona Leda Caetano não deu a mínima confiança. Fé em Deus, em si mesma e na tábua do coletivo Francisco Sá-Leblon.

– Barbeira! Vai ninar criança...

– Bateu, bateu, reza pra São Judas que t'a deu...

Lá ia, de cara amarrada e olho na pista, a única cinesitora do sexo fraco, competindo no circuito urbano onde se defrontam os melhores corredores do automobilismo de transporte coletivo.

Agora, seus colegas de profissão, decorridos dois anos que dona Leda conduz sua viatura sem uma única infração, prestaram-lhe uma homenagem assaz cavalheiresca. No ponto de partida dos veículos, antes do arranque inicial das provas diuturnas, ofereceram aos presentes, aos passageiros, às autoridades do Serviço de Trânsito ali incorporadas, à dona Leda e a si mesmos um bolo. Confeitado. Cheio de emblemas, de lotações, de carinhos.

– É a maior, é a maior, é a maior!

Até à televisão a moça foi, comovendo-se ante o calor, não dos holofotes, e sim do fraco coração humano. Ante tanta bondade, como dizia o bardo, "resistir quem há-de?".

Desse evento relativamente singelo, poderíamos tirar certas conclusões consoladoras. Quem sabe um dia a mulher brasileira, tão corajosa, inteligente e capaz, nos dará a ventura de dirigir esta

Nação? Tanto motorista do catete deu guinada, trombada e virada, infringindo os sinais, rumando para o vermelho quando o sinal era verde e amarelo, não indo a parte alguma quando a ordem era prosseguir. Pelo bem de nós todos.

Parabéns, dona Leda, um pouco atrasados. Mas nem por isso a senhora deixa de ser uma águia do volante.

3 de dezembro de 1961.

Pólio

O telefone tocou. Ela atendeu. A voz do marido soou aflita.
– Volta já! O Carlinhos não se põe de pé. E perde sangue pelo nariz.
Perde sangue pelo nariz... O Carlinhos não se põe de pé...
– Que brincadeira é essa?
– Não é brincadeira não. É POLIOMIELITE.
Impossível. O menino foi vacinado. O remédio veio dos Estados Unidos. Como chorou ao ser picado pela agulha!
– Chama um médico!
– Aqui estão quatro. Já se fez punção: POLIOMIELITE.
Foram gentis, os médicos.
– Tenha coragem. Esperanças são muitas, enfim...
– Sobreviverá?
– Nunca se deve afirmar, num caso assim.
– E se viver, andará?
– Quem sabe?
– E se andar, terá sequelas?
– Não somos adivinhos. Provavelmente claudicará. Na melhor das hipóteses.
O Livro dos Salmos, o Livro dos Salmos, o Livro dos Salmos. "O Senhor é meu Pastor e não me abandonará".
– Carlinhos, é a mamãe. Você está bem?
– Não. Perdi as pernas. O que é que eu tenho?
– POLIOMIELITE. Mas eu vacinei você. Três vezes, não foi?
– Só tomei duas injeções. Estava com sarampo, com gripe, com dor de garganta...

"O Senhor é meu Pastor e não me abandonará".

A cama foi encostada à parede, num sentido oblíquo, apoiada em tratados de Direito Administrativo, de Direito Civil, em grossos volumes de Corneille, Racine e livros de arte culinária. Eram os mais altos suportes que se conseguiu encontrar.

De dia, o menino se acalmava. Lia Monteiro Lobato quando a febre diminuía. Mas à noite... À noite soltavam-se todos os demônios, dando-se as mãos numa ronda satânica, a atormentar mãe, pai, filho, vizinhos.

– Ai, ai, ai, minhas pernas, minhas pernas, que dor!

Compressas, compressas, compressas. Água quase fervente nas toalhas de felpo, embrulhando os destroçados membros da criança.

– Fica quieto, Carlinhos. Vou te contar uma história. Era uma vez um jardim muito bonito, com uns bancos enfeitados de cabeças de carneiro. Tinha um rio que passava por perto, tinha um homem que vendia bolinha-de-cambará. Um dia te levo lá.

Ele arregalava as esmeraldas, agora embaciadas com estrias sanguinolentas, meio desatinado. Ele, cuja inteligência é inacreditável para um pequerrucho tão levado e tão guloso.

– Fica quieto. Vamos nós dois. Lá tem coqueiro, tem manga-espada, tem pitomba, tem umas pontes lindas, umas praias lindas, umas noites lindas...

***

Ele sobreviveu. Sofreu. E sofre ainda. Porque tinha gripe. Sarampo, dor de garganta. Porque não foi convenientemente vacinado.

Irmãs minhas que me ledes, vacinais os vossos: este filho é o meu.

6 de dezembro de 1961.

O grande ausente

Nos moldes do que se passou com Garcia Lorca no transcurso do 25º aniversário de seu trucidamento, é flagrante a ausência de Machado de Assis nos suplementos literários dos jornais cariocas, agora que são passados cinquenta anos da data em que faleceu.

Não só nos primórdios é que se verifica a falta de Machado, o ático da nossa língua. Está ausente também das mentes hodiernas. Perguntando-se a um jovem habitante dessas plagas o que sabe do autor de *Brás Cubas* ou *Iaiá Garcia*, mas pode distingui-lo de José de Alencar. Sabe, sim, que no Flamengo há uma rua com tal nome. Com tal nome, perdão, Machado é rua, Alencar é praça. Daí o "distingue" escolástico que proferirá gloriosamente.

Entretanto, ninguém melhor do que esse que é a flor dos nossos romancistas de todos os tempos descreveu o Rio de Janeiro da época dos coches, dos laudaus, da rua de Mata-cavalos, de uns braços mal entrevistos na umbrosidade de um caramanchão, das viúvas cobiçadas pela fortuna dos quarenta contos herdados do *de cujus*. Os saraus por onde perpassa toda uma humanidade de funcionários, de bacharéis, de militares, de matronas, de adolescentes, de vitoriosos, de frustrados, todos eles imbuídos de um brasileirismo que a geração Coca-Cola não conhece mais.

Folheando à toa um *Memorial de Aires*, *A mão e a luva* ou qualquer livro de contos, deliciamo-nos ante a prosa enxuta, límpida, tersa e que envolve um pensamento, expõe uma ideia ou uma série delas. Irônico às vezes, tristonho outras horas, foi comparado a um Swift ou mesmo a Sterne. Eu não o compararia a ninguém, a não ser ao velho Machado, tão oculto por trás de seus óculos de amanuense cansado.

Fico triste. Fico triste porque temos tão poucos romancistas dignos desse nome e não lhes damos o justo valor. Fala-se tanto em crise de livreiros, de jornais, de casas editoras. No entanto, nunca se escreveu tanto no Brasil e, principalmente, jamais se publicou com tamanho ímpeto como agora. É um fluxo ininterrupto de noites e tardes de autógrafos, muitos dos quais teriam de ser quase fornecidos em garatujas, à guisa do nome. Ou em cruz.

8 de dezembro de 1961.

Maria

— O que é que eu faço hoje para o jantar, Madame?

— O que é que você faz hoje para o jantar, Maria? Faz peru. Peru assado, com trufas. Do Périgord. Deixa a pele dele ficar bem douradinha, estalando, como papel de seda. Sapeca na trufa. Adoro trufa.

— Onde é que eu vou arrumar essas trufas, Madame?

— Onde é que você vai arrumar essas trufas, Maria? Então prepara umas trutas.

Sou louca por trutas. De riacho. Gelado. Correndo por entre as montanhas. Cobertas de neve. Faz com batata cozida. Batata holandesa. Colhida nos campos entremeados de papoulas. Umas vacas gorduchas, malhadas, passeando calmamente, um ou outro campônio, de tamancos, cachimbos, calças largas, empilhando a colheita em grandes cestos. Faz truta arco-íris.

— Onde é que eu vou encontrar esses campos floridos, onde?

— Então prepara uma lebre. Daquelas velozes. Que perpassam por entre os castanheiros, por entre os olmos e faias, iguais aos raios do luar. Uma lebre espantada, os olhos bulindo. Uma lebre tenra e doce como um beijo de criança.

— As árvores que conheço são de outra qualidade. O que é que eu faço hoje, minha patroa, para o jantar?

— Faz cogumelo. Tenho paixão por cogumelo. Pega um milhão de cogumelos e corta bem pequenininho. Desmancha o chapéu, cobre tudo de alho e óleo, à boa moda provençal. E me traz também uma garrafa de vinho, vá lá que seja Beaujolais. Assim me lembrarei da cabra de M. Seguin, que lutou a noite inteira. E de manhã...

— ???

– Faz "schachlik". À caucasiana. Serve num prato de madeira, os pedacinhos de carne bem assados, um espeto fumegante atravessando tudo. E toca uma guitarra sonora, plangente, chorando uns olhos negros que se foram.

– São quase sete horas, Madame, depois a senhora diz que eu não se alembrei, que do jantar eu se esqueci.

– Faz bife com batata. E não te esquece do arroz.

10 de dezembro de 1961.

Um rei

Esta é uma história que Andersen poderia contar. E dos olhos álgidos, metálicos da sereia, pensativa à entrada do porto, uma lágrima correria.

Alta ia a glória do "Führer" Adolph Hitler. Nos idos de 1940. Com as mandíbulas prontas para mastigar o mundo inteiro, não esquecera a Dinamarca, tão apetitosa e tenra. Além disso, havia os judeus. Para a sobremesa. Assados em fogo lento, de cabidela, ao espeto, ao forno, crus. Um divino manto!

Mas, por que devorá-los assim simplesmente? Como quem torce o pescoço de uma galinha, mordendo-a com penas, capa e tudo? Necessário seria um requinte, não à altura de um Brillat Savarin. Isso já ultrapassaria os limites do refinamento nazista.

– Que desfilem pelas ruas de Copenhague, humilhados. Diversificados. São espúrios e não cidadãos. Uma estrela de David a distingui-los: lixo sobre lixo?

Um rei é um rei. Ungido como o fora o rei David. Esta, o bom monarca dinamarquês não engoliu. Atravessou-se-lhe na nobilíssima garganta real.

– Ah, é? Pois sim...

E numa bela manhã de abril, em plena primavera, quando a galhana desabrocha em mil botões, a neve some e as crianças enfeitam novamente as praças e os jardins, S. Majestade Cristiano X, unindo-se à dor de seus nove mil judeus, circulou por toda a cidade carregando a nova cruz, a marca do opróbrio: a estrela de David. Indescritível a solidariedade da multidão, do povo, que viu naquele gesto a atitude de um homem, de um monarca, de um protetor da soberania nacional. O que fez o povo dinamarquês? Adornou-se também com a fita amarela, com a estrela de David.

"O Senhor é o meu pastor, não me abandonará".

O Senhor não abandonou, nem aos judeus, nem aos dinamarqueses. O mundo livrou-se do verdugo, rindo e chorando a um tempo só. Como se livrará de todos os facínoras, dos déspotas, dos falsos líderes, momentaneamente endeusados, mas atirados longe, no momento propício.

Glória eterna a Cristiano X, a seu povo e a seu filho, Frederico IX, da Dinamarca. Entraram para a história, não a das guerras e do relato de batalhas. Para a história da evolução da humanidade, no que ela tem de melhor.

14 de dezembro de 1961.

O outro Recife

– Eu tenho vassoura de piaçaba, panela de barro, espanador, rapa-cóco e grelha!
– Chora menino pra comprar pitomba!
– É ostra fresca chegada agora!
– Tripa e bofe, fígado e miolo. É o miudeiro, miú, miú!
– Olha bolinha de cambará, um pacote é um tostão!
– Mel de engenho, mel de engenho, mô!
– Cuscúi, cuscúi, tem de milho e de mandioca!
– A cavala está viva, minha freguesa, foi pescada agora!
– Olha o galinheiro, o fruteiro, o verdureiro, o leiteiro!

Esse Recife vocês não conhecem. Conhecem o Recife revoltado. O Recife grevista, o Recife que vaia o seu governador, o Recife ululante, agitado e ameaçador.

– "Se essa rua fosse minha, eu mandava ladrilhar. Com pedrinha de brilhante. Para o meu amor passar..."

O Recife das Pás Douradas, dos Lenhadores, das ruas amplamente iluminadas e rescendendo a todas as marcas de lança-perfumes, o Recife alegre, carnavalesco, o Recife amigo acolhedor, cálido como as suas noites sem trovões.

– "Não pense que eu estou triste, nem que eu vou chorar, ei, eu vou cair no passo, que é de amargar..."

Um Recife enfeitado de praias, de coqueiros, de mangueiras, de moças bonitas, de bairros sossegados, redes nas varandas, jasmineiros derramando-se sobre os portões, casuarinas vermelhas a balançar suavemente no toque leve dos ventos alísios.

Um Recife cordial, todos se cumprimentando, os homens de vestes claras, as mulheres exibindo as graças tropicais. Um

Recife que trescala a maracujá, a melado, a abacaxi pico-de-rosa.

– "Ó Rosa, rosa amarela, ó rosa amarela flor, ô rosa, rosa amarela. Tu serás o meu amor..."

O Recife das cantigas infantis, o Recife dos chafarizes cheios d'água, das ruas lavadas por caminhões-pipas, dos becos sombreados pelas *fleur beniamine*. As raízes explodindo para fora das calçadas num furor de seiva forte.

Este é o Recife que eu conheço, o verdadeiro, o imorredouro. As greves passam, os líderes, leva-os o vento. O doce vento que sopra do Capibaribe.

15 de dezembro de 1961.

Desfastio

Hoje amanheci com vontade de comprar uma casa. Abro à toa o *Estado de São Paulo*. É. A coisa vai.

"Vende-se magnífica residência de muito boa construção face norte, em terreno de 1.350 m² de construção, contendo *hall*, lavabo social, grande *living* acarpetado, jardim de inverno, biblioteca, sala de jantar, sala de almoço, copa, excelente cozinha, garagem para dois automóveis, lavanderias, quartos para empregadas. Preço: trinta e dois milhões. Grande parte da residência está acarpetada, tudo novo, incluindo no preço. Facilita-se."

Acho que essa me serve. Trinta e dois milhões. O dono é tão bonzinho: facilita-se. Depois, é acarpetada. Nunca vi disso por aqui. Deve ser algum atributo sensacional. A-CAR-PE-TA-DA.

Ou esta daqui. Difícil a decisão. Muito interessada não estou. Quinze milhões apenas. "*Hall* de entrada com chapeleira, *living* com lareira, jardim de inverno, copa-cozinha, lavanderias". Talvez. A lareira... Um busto de Lincoln, em miniatura, para me aclarar o espírito. Cobres, ramos de lilases em vasos de cristal. E algum retrato com dedicatória. Não. A copa-cozinha me repugna.

Atenção: "Vende-se junto à rua Henrique Martins e Brigadeiro Luiz Antônio, isolada de todos os lados, com amplo jardim e quintal, lareira natural e espelho de cristal, biblioteca, adega, quarto para quatro empregados, salão de jogos, rouparia". Esta apela demais para o pecado. Não bebo, não fumo. Só sei jogar burro-em-pé. O que faria da adega e do salão? A decência me impede. E é barata: dezoito milhões.

Resta-me o que anuncia como o "Mercado Imobiliário do Ano. Negócio importante". Quero fazer hoje um negócio importante. Até hoje meus negócios têm sido reles. Vamos lá. "Vende-se uma grande ilha, com quatrocentos mil metros quadrados, com localização privilegiada, próxima à Cosipa e em frente para o Estuário de Santos"...

Não sei. Agora é-me difícil resolver. Mesmo, Maria acaba de me chamar. Tenho de ir à feira. Estive olhando os armários. Falta arroz, falta feijão, o sapóleo acabou. Fica para outra vez.

17 de dezembro de 1961.

Tragédia

O que domingo se passou, do outro lado da baía, é de cortar o coração. Do mais impiedoso dos mortais. Centenas de pessoas, em sua maior parte crianças, foram ao circo, aproveitando as férias recém-inauguradas. E a tarde tropical e sedutora:

– Mãezinha, tirei cem em matemática. Posso ir ao circo?
– E eu? Minha média geral foi oitenta e oito...

Foram. Foram todos ao circo. E no circo pereceram. Vítimas da fatalidade, que não respeita idade, religião nem sexo.

E o coração do Brasil, o generoso coração do Brasil, ainda não suficientemente louvado e compreendido, pôs-se a bater num ritmo só: ajudar, ajudar, ajudar. Gente que meia hora antes bradava pela luta de classes e em prol do *"paredón"* estacou, num arrepio. Ricos que passeavam seus ócios, indiferentes à miséria e à necessidade, correram sem hesitar. Fracos, incapazes de ver sangue e a face da morte, tornaram-se heróis, de repente. Os que dormiam acordaram, os que odiavam, passaram a amar.

– Deus, o que se passa em Niterói?

Uma tragédia. Centenas de criaturas morreram barbaramente queimadas, pisoteadas, dilaceradas, apavoradas. E outras centenas se contorcem, às vésperas de morrer também. Porque um circo pegou fogo, numa tarde em que os palhaços iriam fazer as mais hilariantes cambalhotas, os equilibristas dispunham-se a deixar a plateia estarrecida, os malabaristas e os mágicos imbuídos estavam também do bom humor geral.

Ruiu a armação de lona, desabaram tantas vidas em botão. O que dizer às mães que perderam seus filhos, aos maridos que enviuvaram subitamente, às avós despojadas agora dos netinhos?

Um consolo nos resta, se é que podemos encontrar consolo num acontecimento assim: o Brasil está unido. Mentem os que o caluniam, os que afirmam ter perdido a confiança nos que dirigem e nos que são dirigidos. De todos os pontos da Pátria, dos estados ricos como São Paulo, Minas Gerais e Rio Grande do Sul e de pobres províncias sem fortuna como Pernambuco e Paraíba, acorreram ofertas de plasma, de sangue, de leite, de lençóis, de fronhas, de medicamentos, de frutas e de dinheiro.

E o que a política não conseguiu fazer, fê-lo a dor, hoje nacional: a união.

20 de dezembro de 1961.

Eichman

Após um julgamento considerado pelo próprio advogado do réu, Dr. Servatius, e até mesmo por altas personalidades alemãs como respeitável e isento de falhas ou malícias, foi Adolph Eichman condenado à morte. Na forca. Pelos crimes perpetrados não somente contra os judeus, mas contra a humanidade.

Um milhão de crianças sucumbiu ante a fúria psicopática desse que hoje nega seu ideal de outrora: acabar de vez com o amontoado de seres espúrios e indignos de outra sorte que não os fornos crematórios, as câmaras de gás, as fábricas onde eram transformados em sabão, em abajures, os laboratórios em que médicos e cientistas esterilizavam as Saras e as Raqueis para que de seus ventres não nascessem mais Isaacs nem Jacós. Mulheres, homens, velhos, jovens – uma população inteira sucumbiu porque Eichman, alegando hoje ter cumprido ordens superiores, assim o quis. Com uma penada impiedosa, numa instrução por telefone, num berro ou num sussurro, mandou matar milhões. Milhões de mães, de pais, de filhos, de noivos, de bem-amadas, de queridos, de estudantes, de artistas, de comerciantes, de avós, de netos, e, o que torna seu crime mais espantoso, daquilo que Clóvis Bevilacqua tanto nos ensinou a respeitar: o *"spes hominis"*. O futuro homem, já merecedor da proteção legal ainda em embrião.

Eichman nunca soube o que significa respeitar e muito menos o que se chama *"homo hominis"*. Só conhece o que diariamente via e vê no espelho à sua frente: a face da besta.

Tenho certeza absoluta de que não morrerá na forca o carrasco nazista. Israel não necessita derramar sangue para matá-lo. O mundo inteiro, da Ásia à África, das Américas aos Polos, já o executou. Seu pescoço é muito insignificante, reles demais, para fazer com que o povo a quem Jeová concedeu os dez mandamentos infrinja o mais nobre deles: NÃO MATARÁS.

Quebrando pedras num país jamais sonhado por ele, Eichman será melhor castigado. Porque morrerá diariamente, de vergonha, de humilhação, aprendendo com suas vítimas de ontem que o que Deus dá a minúscula mão do homem não tem o direito de tirar.

21 de dezembro de 1961.

Amanhã

— E o motim? Escreve sobre a fuzilaria, os soldados atirando nos presos, os presos atirando nos soldados. A comida imprestável, a promiscuidade demasiada, o calor, a falta d'água, a falta de decoro, a falta de respeito às autoridades, à sociedade imprestável, a promiscuidade demasiada, o calor, a falta d'água, em torno da fogueira...
— Hoje não. Amanhã.
— Então fala no incendiário do circo de Niterói. Lépido e cínico, declarando calmamente como foi que acabou com a vida de centenas de pessoas, como se relatasse uma história de Trancoso. Fala na sua demência, porque só um mentecapto é capaz de fazer o que ele fez. Fala que se não o fosse, deveria ir para o pelourinho...
— Hoje não. Amanhã.
— E o outro, o que jogou bananas de dinamite numa loja de artigos para crianças em plena Copacabana na véspera do Natal? A casa cheia, as menininhas radiantes, escolhendo saias, anáguas, vestidos. As freguesas gritando, as crianças espavoridas, mulheres correndo e o louco delirando...
— Amanhã. Amanhã.
— Fala daquele que, verde de ciúmes, não conseguindo tocar fogo no rival, incendiou-lhe a viatura, bem defronte do edifício onde reside. As chamas comeram o carro quase por completo, como o falso Othelo devoraria as entranhas do outro, empregado na casa cujo nome até mesmo os papagaios repetem...
— Amanhã.
— Fala no jornal que difamou um general, fala no general que foi tomar satisfações. Fala na metralha, na pancadaria, no quebra-quebra, como se a imprensa, o exército e a honra fossem brincadeira de *"cow-boy"*. Diz que...

– Hoje não. Amanhã.

– Fala na garota de sete anos, atingida no peito, enquanto dormia, por uma bala disparada por um ciumento, na favela de Ramos. O tiro era em direção a uma bem-amada infiel, pegou na criança...

– Amanhã. Amanhã. Amanhã.

29 de dezembro de 1961.

Os fins

Diz o anúncio: "Vende-se grande área para todos os fins". E dá o número do telefone do vendedor. Para todos os fins.

Talvez eu compre essa área. Para todos os fins.

Poderia fazer ali um rinque de patinação. Nos dias em que estivesse bem-disposta, o sangue e a linfa fumegantes, patinaria com os dois pés. Nos dias mais fracos, patinaria com um pé só. Ou com nenhum.

Um jardim? Daria área para canteiros de dálias amarelas, rajadas de vermelho, como as de Teresópolis? Cravos purpúreos, perfumados, como as lembranças da adolescência. Ou alfaces e tomates? Sei de uma família que fez uma horta no último andar de certo edifício no Flamengo, à rua Arthur Bernardes. A colheita foi tão vasta que tornou-se necessária a cessão, ao quitandeiro da esquina, de salsa, coentro e cebolinhas.

Não, não dou para grameira.

Um cinema? William Holden só pra mim. Dançaria comigo, como dançou com Sabrina, sussurrando-me lindas coisas ao ouvido. Que sou bela, que tenho 18 anos, um mar nos olhos e que sou uma deusa aorista. A orquestra tocaria a última balada de Tom e as estrelas murchariam de inveja.

Ou um teatro? "Sir" Laurence Olivier declamando Shakespeare só pra mim, apavorado com meu julgamento.

– *Do you like it? Do you love it? Do you love me?*

Yes, Sir Laurence. *I like it, I love you.*

Então, ele cairia a meus pés, ainda com a roupa de Hamlet, o medalhão balançando no peito. Que bateria só por mim.

Ou um museu? Cheios de quadros de Rembrandt, Toulouse Lautrec, de Modigliani, de Tintoretto, de Dürer, de Goya, de

Bandeira, de Aluísio Magalhães. E Aluísio sairia de suas molduras e cantaria para mim o último frevo de Capiba.

Para todos os fins. Estou confusa. São tantos.

12 de janeiro de 1962.

Na hora

Sempre está na hora. De cortar as unhas do menino, de lavar a blusa da menina, comprar quiabo na feira, de ensinar Maria a cozinhar, de visitar alguém que adoeceu, de receber a visita que nos adora.

Está na hora. De reclamar o vestido que ficou curto, o sapato que ficou comprido, o cabelo que ficou encolhido, o bife que ficou estirado, a manicura que chegou adiantada, o dinheiro que veio atrasado.

Aqui não está na hora de nada. Colibris esvoaçam por entre os roseirais, besouros zumbem alegremente e do lago vizinho ergue-se a conversa dos sapos. Ao longe canta um rádio e o sangue ferve ao Carnaval que se aproxima.

Não está na hora de nada. Sento-me na grama e olho os passarinhos que se instalaram no teto, sobre a varanda, e vão e vêm, rufando ruidosamente as asas.

De nada. Não está na hora de coisa alguma. Estiro-me na rede amazonense, contemplo os pinheirais perfumados, os maracais desabrochando em floração lilás e prata, as casuarinas de telhagem pontiaguda. Uma leve aragem agita os seres, as coisas e os bichos. E, numa hora assim, os deuses sorriem para nós.

14 de janeiro de 1962.

Seu Álvaro

E, quase na hora do almoço, a geladeira da casa serrana resolveu fazer greve. Sopra daqui, puxa dali, joga mais querosene, tira o excesso de querosene, em vão. O sol, medonho. A limonada, carinhosamente feita para o maridinho "cigarra" e que, dentro em breve, subirá do Rio abrasado, ameaça ferver.

– Madame, "seu" Álvaro podia ajeitar a geladeira. A dele é igual a essa. Chamo?

Chama. Chama "seu" Álvaro, a mulher de "seu" Álvaro, chama a parentela de "seu" Álvaro, dos consanguíneos aos afins. Chama todos. Contanto que a maquinaria gele o meu limão.

Lá vem "seu" Álvaro. Estatura mediana, bem escanhoado, decentemente vestidinho para um campônio destas chuvosas redondezas. Não quero muita conversa:

– Está aqui o querosene, a estopa, o funil, os fósforos. Não entendo nada disto, sou bacharel, trabalho com papéis. O senhor já está calejado, use suas mãozinhas... E não demore muito não, viu?

Saio de perto, vou tomar ar fresco. Credo, que amolação! Fumaça, cheiro queimado, sujeira pelo chão. Não dou para semelhantes tarefas, deixa o homem chafurdar.

"Seu" Álvaro não esmorece. Deita-se no mosaico frio, revira, acende, apaga, tira fuligem, sopra, sua.

– A doutora quer ver se está bem assim?

Olho, enfarada. Depois:

– Até que o senhor não é dos piores. O pessoal daqui é de amargar. Lá na minha terra...

– A doutora é nordestina? Eu também...

Ofereço-lhe um cafezinho. Explico-lhe como é um linotipo, um cartório, como é que se redige uma petição inicial.

– Está pronto, doutora. Mais alguma coisa?

Não, "seu" Álvaro. Muito obrigada. Se o senhor tiver qualquer questão de terras com os vizinhos, se quiser algo da Lei, fale comigo. Faço de graça. O senhor foi um amor...

Sigo-o ao portão. Passa o Coronel Pedro Paulo, do sítio em frente. Tira o boné de veranista:

– Bom dia, Excelência!

Sorrio, enlevada. Como é galante!

– Não mereço tanto, Coronel...

– Merece muito mais. Mas é que o Senhor Ministro...

Virgem Santíssima, que Ministro?

"Seu" Álvaro: Sua Excelência, o Ministro Álvaro Ribeiro da Costa. Presidente do Supremo Federal.

24 de janeiro de 1962.

Coragem

Olha aqui, "seu" Zé: não tenho medo de cara feia não. Ajustei o trabalho, o senhor não varreu meu quintal há uma semana. E se atravessar o portão depois das 10 horas da noite, passo fogo!

Que coisa! Esse negócio de medo não é comigo não. Já vi a revolução de 30, de 32, de 35, morei na rua do Geriquiti, as balas crivavam nossa casa de buracos. Depois, brincávamos de pular "amarelinha" com os cartuchos vazios.

Entrevistei um horrendo facínora no Presídio de Itamaracá: Lampeão Branco, o apelido dele. Mauro Motta gostou tanto da minha valentia que estampou meus escritos na página nobre do *Diário de Pernambuco*...Não tenho medo de homem não. Nem de homem, nem de nada.

Na Casa de Detenção, certa vez, encontrei, entre as presas, Maria Barroso, que tinha sido nossa mais exímia cozinheira.

– Maria, o que é que você faz aqui?

Ela me explicou, um brilho "macbethiano" no olhar, que se enganara na receita da buchada. Em vez do sal, pusera arsênio. Também, a patroa era tão enjoada... Ela, os cinco filhos, a arrumadeira (muito gulosa!), duas visitas e a filha do jardineiro...

Sou forte. Não sou sertaneja, mas, antes de tudo, sou forte. Medo... Eu?

Cai a noite teresopolitana, a vizinhança fecha as janelas. As crianças dormem e a empregadinha já foi. Uma semana até o marido chegar...

Roc roc roc, ali por trás do aparador. Um frio na boca do estômago, a pele se arrepia, como um dia de inverno em Genebra.

Roc, roc, roc, lá vai ele, por baixo de todos os móveis, de todas as portas, arrastando, celeremente, a cauda asquerosa.

***

Roc, roc, roc, passei a noite no telhado da casa, agarrada ao para-raios.

29 e 30 de janeiro de 1962.

Portinari

Por isso o dia amanheceu tão feio e triste. O sol fugiu. Somente as nuvens cinzento-escuras derramavam suas lágrimas, do alto. Morreu Cândido Portinari, lentamente intoxicado pelas tintas que fizeram a sua glória. E a do Brasil.

Menino ainda, dizem que aos onze anos de idade realizou seu primeiro trabalho: um retrato de Carlos Gomes. Depois, foi o que se viu, não só no nosso país como no mundo inteiro. Aqueles tipos observados nos cafezais e caatingas, negros de pés e mãos espalmados, quase acromegálicos, sempre a preocupação maior no apresentar o homem e não apenas a paisagem. "Mártires", "Cangaceiros", "Descobridores", "Flagelados", "Casamento na roça", "Festas de São João" e reproduções dos seus murais foram expostos nos museus de Nova York, no Ministério de Belas Artes, de Israel, em Salão Especial na Bienal de São Paulo, na "Galeria Wildenstein", a mais célebre dos Estados Unidos. Ilustrou o famoso romance de Graham Greene, *The Power and the Glory*, e sobre Israel fez um livro que o tornou profundamente amado dos judeus do mundo inteiro.

Uma rua é pouco para a memória de Portinari. Uma Avenida. Avenida Cândido Portinari. É o que se deveria fazer aqui na Guanabara para homenagear a memória desse pintor que colocou-se ao lado das maiores celebridades do nosso tempo, trazendo honrarias para o Brasil. Para consagrar a lembrança do compatriota que foi o único convidado de honra na Bienal mexicana, fato que nos orgulha e envaidece.

Morreu Cândido Portinari, o maior pintor brasileiro de todos os tempos.

Por isso que o dia amanheceu tão feio e triste. O sol fugiu. Somente as nuvens cinzento-escuras derramavam suas lágrimas, do alto.

8 de fevereiro de 1962.

Aula de russo

Como o russo está muito na moda, não posso ficar para trás. Chamei *gaspadin* Nicolai, tratei o preço, combinei tudo. Quem é *gaspadin* Nicolai? É um cavalheiro muito distinto, químico aposentado, pescador inveterado e maravilhoso cozinheiro amador. *stroganoff, schachlik* à caucasiana, *borscht, perimênie, variênike...* Ai, minha celulite! Nem queiram saber das habilidades culinárias do patrício de Nikita. Quantos anos tem? Bastante. Como é? Indiscretos...

Ele chegou, acendeu o cachimbo, abriu um livro e me mostrou o alfabeto. Trinta e duas letras. Facílimo. O A é V, Y não é Y, é U. U é O e O é F. F é P e P é R. Decorei tudo. Decorei e aprendi. Os sons, sopa. Uns devem sair do âmago das entranhas. Outros passam, como Migs, fulminantes, por entre os dentes. Nem dá tempo de ouvir. Ótimo. No mesmo instante em que leu para mim, repeti, à perfeição, um poema de Puchkin. Sobre um velhinho e uma velhinha que, numa choupana, perto do mar azul...

Depois, palestramos. Em russo. Assim:

– Como se chama?

– Leblon.

– Onde mora?

– Flora.

– Sua profissão?

– Dezoito.

– Quantos anos tem?

– Jornalista.

– Gosta de futebol?

– Dois.

– Tem filhos?

– Vasco doente.

Por isso que eu digo: a gente deve estudar línguas estrangeiras. É agradável, não dá trabalho e os resultados são imediatos. E compensadores. Se na aula inicial eu aprendi tanto, imaginem o que será a segunda.

14 de fevereiro de 1962.

Neruda

Alto, bochechudo, simpático. Neruda mais parece um banqueiro internacional do que um poeta ou agitador das massas. Diplomata, logo de início sente-se o cavalheiro, o homem habituado aos ademanes da alta sociedade.

– Então a senhora é brasileira. Muito bem. Há no seu país uma coisa que me agrada enormemente: a cachaça. Nós, os chilenos, estamos acostumados a beber, temos excelentes vinhos e boas aguardentes. Mas, nem o *pizco* mexicano, nem as pingas peruanas, nem a *eau-de-vie* francesa têm o sabor da vossa cachaça.

Tocada de perto pela atração que o vate sente por um produto típico da minha terra, explico, orgulhosa, que a cachaça é pernambucana. E, repentinamente erudita, cito marcas, lembro rótulos.

– Sabe, as melhores coisas que a Humanidade tem, recebeu-as das mãos do povo. A melhor cozinha francesa deriva de certas regiões especiais, criada pelo povo e para o povo. Só o povo é quem pode chegar a tais detalhes, a minúcias tão sutis.

Neste ponto permito-me discordar do bardo ilustre. Não creio que a cachaça seja obra e arte da sutileza do povo brasileiro. Existem coisas melhores e de menor ressaca.

A estas paragens, Nicolas Guilhen interrompe a conversa:

– Oh, Neruda, chega de falar em comida. Você só tem estômago, não tem outra coisa mais lá por dentro? Ou é simplesmente vazio, oco?

A cara parada de Neruda não sofre alteração. Apenas os olhos brilham, como os de um garoto prestes a quebrar um vaso de cristal.

– Por dentro? Não, não tenho nada por dentro. Ninguém tem

nada por dentro. O dentro não vale nada. Tudo é por fora. Meus olhos, minhas mãos, meus cabelos...

– Mas Pablo, interrompe sua esposa de então, e o resto? E teus dentes?

Nenhuma contração muscular naquela face bem nutrida. Apenas a voz dormente, arrastada, como se seu dono estivesse acordando:

– *Los dientes? Los dientes? Ay, hijita mia, hay que sacarlos!*

Assim é Neruda, o homem dos nervos, das raízes profundamente encravadas na terra. Leva uma hora para escolher o cardápio. Os garçons esperam pacientemente, no restaurante indochinês, onde as comidas são doces quando deveriam ser salgadas, salgadas quando deveriam ser doces. E molhadas, amarelas, esquisitas. Pablo estuda o menu como quem tateia atrás de um ritmo raro, de uma imagem inédita. Conhece todos os vinhos e quitutes da casa. Pede uma lagosta e quando experimenta toma um susto. É antes um trapo do que uma lagosta.

– Neruda, vá ao Recife comer sioba, carapeba, cavala, perna-de-moça, siri da beira do rio, curimã e soia, "a maré enche ou vaza".

– Vocês têm um poeta: Carlos Drummond de Andrade. Não é poeta, é comerciante de magreza. Eu gostaria de ser esbelto como ele. Por que me seduz com essas iguarias? Quero cachaça. Dê-me cachaça! O tempo agora é das pessoas magras.

15 de fevereiro de 1962.

Papoula vermelha

– Pernambuco, dizem, lá iniciou sua Reforma Agrária alterando a Botânica doméstica: lá não se planta mais manjericão, jasmim-do-cabo perdeu a vez. A hora é da papoula vermelha.

Pois bem. Iludem-se os jardineiros de semelhante ópio quando acreditam que é com esse povo ainda cristão, que faz o sinal da cruz, pronuncia esconjuros e crê em alguma coisa fora da luta de classes, que se fará a revolução.

A massa trabalhadora nordestina, parcamente alimentada, pessimamente alojada e quase que inteiramente analfabeta, não ambiciona ser sócia de Bezerra de Melo. Nunca lhe passou pela cabeça tão remota pretensão. Quer pão e, talvez, divertimentos. Mal hão comícios, palavras, teorias, lógicas, ontológicas, dialéticas.

Quer, sim, instrumentos de trabalho, assistência, educação, saúde. Há milhões de alqueires de terras devolutas, ao longo de vias asfaltadas, entre Brasília e Belém, entre Brasília e Fortaleza. Deem-nas à massa camponesa que foge, espavorida, ante as secas. Improvisando-se nas profissões de ajudante de pedreiro, de misturador de argamassa, de vigia de obras. Porque especialistas de um *know-how* qualquer entre eles não há. Deem-lhes, os que têm medo de sua bolchevização, inseticidas, tratores, técnicos, professores, médicos, assistência social moral.

O proletariado urbano da minha terra abre mão das teorias, de materialismo histórico, de um teólogo como foi Stalin, interpretando um sociólogo como Marx e um político como Lenine. Quer o justo salário.

E isso a Democracia lhe pode dar, desde que o governo sem demagogia, amando o povo, pensando no povo, tendo pena das mazelas do povo.

19 e 20 de fevereiro de 1962.

Cecília Meireles em São Paulo

Encontro a ilustre poetisa de muito bom humor e bastante glamorosa, apesar de seus sofrimentos físicos.

– Você sabe da última? Dizem que a Petrobras explora agora novo e excelente produto: o "brizólio"...

E conta episódios engraçados, como o do faxineiro açoriano que lava as vidraças do quarto 714 do Hospital A. C. Camargo, onde está outra vez internada. Para leve operação complementar da anterior.

– Pois é, minha rica senhora, a ilha da Madeira é uma "beláiza". Além de ser uma ilha, é cercada de água por todos os lados. Ao norte, ao sul...

Conto-lhe o que ocorrera comigo na véspera. No meio dos vapores asfixiantes de uma sauna, no Instituto Sanitas, no topo do Conjunto Nacional, eu me queixava a uma servente qualquer que me enxugava o suor. Que estava cansada, estafada, irritada, mais ou menos infeliz.

– Mas a senhora precisa ler poesia! Eu sou fã de Cecília Meireles, grande poetisa, cronista que toda quinta-feira está na sexta página das "Folhas". Ela tem duas poesias, "Assovio" e "Pastoras das Nuvens", um verdadeiro estouro...

A autora das poesias ouve-me com atenção. De seus olhos acinzentados, cheios de luzes e de sombras, emana curiosidade.

– Não deixe de ler alguma de Cecília Meireles. Tanto em prosa como em verso, a senhora vai deixar de ficar raivosa e comprará o livro dela...

Até o final da minha novela, Cecília Meireles parece absorta, espiando os grandes gestos que faço. Para diverti-la. Depois, naquele tom grave, de rainha:

– Às vezes escrevemos coisas sem destino certo, sem dar mesmo muita atenção ao que fazemos na hora. E é comovedor saber que isso tudo atingiu um alvo, agradou, correspondeu ao que tanta gente sente e não diz. Esse assovio foi-me inspirado por uma pintura, onde se via um felizardo, assoviando à beira de um precipício. Ia tão felizardo, sem se dar conta do que o esperava...

Conversamos longamente. Sobre países, sobre o "seu vestido cor do oceano Jônico", sobre um jantar japonês onde permaneceu quatro horas sentada numa esteira.

– Que comida maravilhosa! Os pratos decorados, as pastas de peixes translúcidas, enfeitadas com uma flor de lado, cenouras esculpidas em forma de rosas, as moças fazendo zumbaias delicadas. Foi uma beleza! Talvez eu vá a Tóquio, se a saúde permitir...

Explica-me, a seguir, como deu a um daltônico uma visão do que seria o vermelho.

– É um amarelo exagerado...

Despeço-me dessa figura maravilhosa, sob todos os aspectos, e, no fundo do meu coração, relembro a Jeová.

– Cuida muito dela, ó Senhor dos exércitos, pois é uma das tuas filhas mais notáveis!

9 e 10 de março de 1962.

Sobre Cecília Meireles

Não se filiando a nenhuma das correntes que, de vez em quando, abalam o mundo literário com suas inovações, Cecília Meireles pertence, como Camões e Bocage, a um tempo aoristo. Sobrevoa todas as épocas, rompe as grades do Romantismo, do Simbolismo, do Parnasianismo e do Modernismo, sendo, paradoxalmente, Moderna e Clássica, Parnasiana e Simbolista, como também Romântica: embora contida.

Diz Valéry, que a poesia "é a tentativa de representar ou de restituir por meio da linguagem articulada, aquela coisa ou aquelas coisas que os gestos, as lágrimas, as carícias, os beijos, os suspiros procuravam obscuramente exprimir". Neste caso, TIMIDEZ seria um exemplo perfeito da afirmação do poeta, balada cheia de carícias, perpassada de suspiros.

Mas a poesia de Cecília Meireles não é somente o Amor, não reflete apenas suspiros, beijos, lágrimas ou carícias. Sua poesia reveste-se de gravidade, de profundeza filosófica, de lirismo intimista, apesar da aparente leveza da forma e do encanto simples dos versos. Dona de um pensamento contemplativo, é bem a descendente, como Carlos Drummond de Andrade, dos *troubadours* e *minstrels*, que, nos castelos da Provença, cantavam ao alaúde para os Reis e para os Papas.

Parente próxima de Roland e d'El-Rei D. Dinis, é figura ímpar da nossa literatura e onde quer que seu agudo olhar se debruce e por onde perpasse o voo dessa sensibilidade extraordinária, imediatamente rejulgem as cintilações do seu talento. VAGA MÚSICA, MAR ABSOLUTO, O ROMANCEIRO DA INCONFIDÊNCIA, METAL ROSICLER E POEMAS ESCRITOS NA ÍNDIA dão a exata medida de sua íntima vibração.

29 de março de 1962

Renúncia

Hoje resolvi renunciar. Não quero saber de morro que está caindo lá na rua Itapiru. Como não me interessa averiguar que bicho deu, na briga do Cravo com a Rosa. Viro as costas à solução, afinal, encontrada para o trânsito na minha zona: o que ia para a frente, agora anda para trás.

Várias e hórridas são as pressões que me desabotoam a alma. Por isso acho bom renunciar.

Fecho o negro instrumento de trabalho, a um tempo minha vítima e meu algoz.

E abro à toa o livro do grande Heine, renunciando aos prazeres da feira e do armazém. Diz o poeta, só para mim:

— No esplêndido mês de maio, enquanto desabrocham os botões, brota o amor no meu coração. No esplêndido mês de maio, enquanto a passarada começa a cantar, confessei à minha sempre bela os anseios e tenros desejos meus.

De minhas lágrimas nasceu um punhado de flores cintilantes, e meus suspiros se transformaram num coro de rouxinóis. E se quiseres amar-me, pequena, guarda como tuas estas flores todas e, à tua janela, soará o canto dos rouxinóis.

Rosas, lírios, pombos, sol — antigamente eu amava tudo isso, com delícias; agora não as amo mais. É só a ti que eu amo, fonte de todo amor e que, para mim és rosa, o lírio, a pomba e o sol.

Renunciarei a Frondizi e a suas preocupações. As de De Gaulle, também não posso resolver. Envio ao ostracismo os mosquitos que estão nos matando a todos, no Leblon, e continuo a vagar por entre os astros, levada pela mão do bardo alado:

"Lá no alto, há milhões de anos, conservam-se, imóveis, as estrelas que se entreolham com dolorido amor. Falam numa linguagem riquíssima e mui formosura; contudo, nenhum filólogo compreende esse idioma.

Eu consegui aprender e não esquecerei jamais: o rosto de quem amo serviu-me de gramática."

31 de março de 1962.

Uma redação

— E um dia mando fazer uma redação só para mim. Formosa. Ampla. Forrada de aparelhos de ar-condicionado. Uma sorveteria ao lado.

As paredes, risonhas. Os colegas, felizes. Os assuntos, abundantes.

— O que é que falta, amigo? Dinheiro?

— Sim, dinheiro. Minha mulher... A filha minha...

E eu dou dinheiro. Aos montes, em cheques, moedas de ouro cravejadas de brilhantes.

— E a ti, o que te atormenta? Fala!

— Um carro, chego cansado. Os lotações, o trem da Central...

E eu dou um carro. Último tipo. Fosforescente. Com iniciais nas portas.

— Leva também um para a cozinheira. Coitada... Labuta tanto...

Uma redação. Só para mim. Iluminada pelos sorrisos dos amigos, resplandecente à força dos desejos realizados.

— Um amor queres tu? É fácil. Toma. A Lollobrígida, Brigitte Bardot...

Ao desmemoriado, trago a lembrança de algum momento encantado. Ao melancólico, a ilusão da paz que um dia teve. Ao carnavalesco, a derradeira marcha-frevo, ao que ainda chora por ela, o perfume que um dia o inebriou.

Uma redação. Na minha mão. Onde ninguém trabalhasse por dever e sim por amor à profissão.

— A revisão? Sempre foi a minha vocação!

— Varrer o chão? É a minha sempiterna adoração!

A hora em que cérebros emperrassem e as máquinas tossissem aflitas, eu chamava o balé russo. De nossa propriedade.

– Dançai, bailai, agitai os véus, desfazei as sombras que nos impedem o duro ofício.

Bailariam, dançariam, os gestos maravilhosos adoçando a cinzentice passageira.

Depois. Aplausos! De nós para eles. Deles para nós. E zumbaias. Mesuras.

Assim é que eu faria uma redação. À beira-mar. Nas ilhas gregas. Ou no Havaí.

16 de junho de 1962.

Viva o Brasil!

Açúcar, não preciso de açúcar quando meu filho fala assim:
– Com que vou adoçar este mingau?
– Com Garrincha. E nem é preciso mexer com a colher. Ele mexe sozinho.
Diz o marido:
– Este assado vai com quê?
– Cadê o arroz?
– Não tem arroz, tem Vavá. É meu conterrâneo, é do peito, cuidado, viu?
Pergunta Isabel, apavorada:
– A feijoada, eu preparo com quê?
Com o Selecionado de Ouro, Isabel. Com Gilmar, Nilton Santos, Zito, Didi, Amarildo, Zagalo, Mauro, Zózimo e Djalma Santos. Se quiser reforçar o tempero, bota Pelé, mas, não é indispensável. Não necessitamos de condimentos providenciais, do tipo que sem eles ninguém vire. O Brasil tem idas as pimentas, todas as canelas, todas as folhas de louro, todas as baunilhas, todos os cravos e sais do universo. Faltando um, entra outro. Nossa terra é assim, Isabel. Ingênua, subdesenvolvida e generosa. Rapidíssima na improvisação, resolvendo todas as complicações que surjam pela frente. No fim dá certo, como dizia meu professor de Direito Administrativo. No fim dá certo. O Bicampeonato é nosso, como nosso é o mar que banha as costas desta Pátria incomparável, como nosso é o luar que ontem prateou esta Guanabara festiva, como nosso é o Progresso, como nosso é um Futuro sem par. Faz a feijoada sem feijão, Isabel, e vamos prá rua sambar: que o Brasil ninguém pode segurar.

18, 19 de junho de 1962.

A arte de vender

— Boa Tarde, Madame!
— Boa Tarde, o senhor deseja alguma coisa?
— Sim, alguns minutos de sua atenção.
— Não tenho minutos sobressalentes. O senhor vende...
— Às vezes...
— O senhor vende livros?
— Não vendo livros, tenho um sistema para mostrar...
— Estou muito ocupada.
— Um instantinho a mais não prejudicaria...
— Nunca vi o senhor...
— Foi sua amiga Rosa quem...
— Rosa não é amiga minha...
— Minha senhora, Rosa é muito mais do que amiga, é sua admiradora.
— É o quê?
— Admiradora, sim. Disse que a senhora é uma capacidade...
— Ela é boazinha, sim. Que mais que ela disse?
— Que a senhora sabe tudo, que sua opinião...
— Mas espere aí, faça o favor de entrar. Assim na porta...
— Se a senhora permitir...
— Como não. Mas é só um minutinho...
— Meio minutinho...
— Sente, faz favor. Mas o senhor ia dizendo...
— Sim, sua amiga, quando viu a coleção que lhe mostrei...
— Que coleção o senhor mostrou a ela?

– Esta daqui. Quase ninguém a viu ainda. Só alguns eleitos...
– Mas Rosa comprou?
– Claro. É uma criatura excepcional, culta, moderna, versátil...
– Mas isso deve ser caro.
– Não se trata de dinheiro, Madame.
– Como não? E eu vou pagar com quê?
– A senhora está preocupada com o vil metal?
– O senhor pensa que eu vivo de quê?
– Ora, minha senhora, sua amiga sabe tudo. Ela bem que disse...
– Disse o quê?
– Que a senhora é equilibrada, nunca põe, como se diz, o carro adiante dos bois...
– Ela é muito boazinha.
– E sua maior fã. Pois então, como eu ia dizendo, não vendo objetos, vendo ideias...
– E eu pago como?
– Como a senhora quiser.
– E pago quando?
– Quando a Madame determinar.

***

– Assim comprei duas coleções que eu já possuía.

16 de agosto de 1962.

"Seu" Mané

Não falarei aqui do açúcar que sumiu, do feijão ainda desaparecido, da carne prestes a se evaporar dos açougues, do leite meio invisível, dos estudantes grevistas, do pão cujo preço daqui a dias aumentará, do parlamentarismo versus presidencialismo, do encontro hidromineral dos Governadores, do Ministério que não deixará saudades.

Falarei de "Seu" Mané. "Seu" Mané Garrincha.

Aliás, quem sou eu para louvar esse enfeitiçado, esse saci-pererê, esse demônio que baixa nos campos de futebol?

Às vezes parece dormir. Em pé. Desengonçado, meio bisonho, a própria negação do atleta. De repente acontece qualquer coisa. "Seu" Mané sai correndo. Atrás dele, uns dois, três, aos quais se junta mais meia dúzia. Só se avistam pernas, chuteiras, calções, braços. Da bola, nem sinal. Está toda entregue ao homem das pernas impossíveis, que um médico benfazejo, dizem, encanou errado.

Nem sempre essa maratona dá em *goal*. Mas o espetáculo vale a pena. Os maiores poetas seriam incapazes de contá-lo, de Homero a Verlaine. De Camões a Cecília Meireles. Pois é fraca a palavra ante o sortilégio da técnica de "Seu" Mané.

É o maior, a Emilinha Borba que me perdoe a vulgaridade do lugar-comum. Que lugar-comum mais delicioso do que a Vida e a Morte, do que o Amor e o Ódio?

Amigos, o Futuro é alegre e o Bicampeonato vem aí.

Por isso, não falarei aqui do feijão oculto, nem do leite escasso e muito menos dos ônibus que ameaçam esconder-se nas garagens.

Do açúcar não precisarei falar, porque "Seu" Mané no selecionado adoça qualquer café.

11 e 12 de junho de 1962.

Edith Piaf

Quando aquela mulher pequenina de voz rasgante surgiu no palco do Théâtre de L'ABC, numa noite de maio, em Paris, o público inteiro fremiu. Bateu palmas, sem parar.

– *"Le prisonnier de la tour, s'est tué ce matin..."*
– *"Quand il me prend dans ses bras, qu'il me parle très bas, je sens la vie en rose... Il me dit des mots de amour, des mots de tous les jours, et ça me fait quelque chose..."*

Mais ela cantava, mais ela chorava, mais ela gemia. Toda de preto, enorme cruz sobre o peito magro, ela era a própria voz de Paris a cantar. Paris com suas ruelas povoadas de História, de ilusões, de pátina dos tempos que a humanidade levou a percorrer. Paris das folhas secas, Paris das esperanças sempre renovadas.

Menina sem infância, pardal perdido pelas estradas, a grande Piaf venceu a má sorte que a perseguiu sempre, venceu a pouca beleza física com que a Mãe Natura a dotara, venceu o tempo e conquistou a Glória. Porque, a um simples abrir de sua boca radiosa quando cantava alegremente, punha seu público a se alegrar.

Proclamando, no "Hymne à L'Amour" que aquilo tudo seria *"pour l'Eternité"*, nós todos sabíamos que assim seria. Feiticeira do encanto e da persuasão, chorava e ria, e nós com ela.

Naquela noite de março, em Paris, ela me fez chorar.

Hoje, ela me faz chorar outra vez. Quando recordo sua figura pequenina no palco de L'ABC, toda de preto. A vibrar.

– *"Le prisonnier de la tour, s'est tué ce matin..."*

12 de outubro de 1962.

Sobre Chico Anísio

No meio de todos os cômicos de televisão e que àquela hora se encontram no estúdio de televisão, para ensaio, é difícil identificá-lo.

– Vocês viram Chico Anísio por aí? Marcou comigo às três e meia...

Alguém, alguém distingue o criador do Coronel Limoeiro.

– Está ali, vou chamar.

Desce umas escadinhas, atravessa a Via-Láctea do vídeo, pontilhada de astros sorridentes. Por fim, sussurra qualquer coisa ao ouvido de um rapaz de blusão. Faço-lhe um aceno, revista na mão. E ele vem ao meu encontro.

De estatura regular, magro, elegante, parece com tudo menos com humorista profissional. Não é bossa nova, não usa cabeleira entrando pelo colarinho, não tem unhas manicuradas. Fala sossegado, com leve sotaque cearense, é simples, afável e muito pouco sofisticado.

– Pode deixar. Amanhã às cinco da tarde está tudo pronto.

– Conversa, Limoeiro, você vai esquecer.

– A senhora pode deixar: amanhã às cinco da tarde está tudo pronto.

Fico perplexa. Eis aí, não o Coem-Coem, o Alfacinha. Este é outro, completamente diferente. Dir-se-ia um engenheiro, um dentista, um contador, um meticuloso profissional liberal, gestos discretos e conversa amável.

– Chico Anísio, recebi uma manga-rosa lá da nossa terra. Quer?

Ele se agita na cadeira.

– Ah, dá pra minha mãe! Ela vai morrer de alegria.

3 e 4 de dezembro de 1962.

Amália Rodrigues

Sete horas da noite. A muito custo encontro um táxi na Avenida Copacabana superlotada e cheia de lama. Feliz com o problema da condução resolvido, dirijo-me ao motorista lusitano:

– Adivinha em que casa acabo de comer queijo da Serra da Estrela!

O cinesíforo nem se abala. Resmunga apenas:

– Vou eu lá saber...

Não perco as esperanças.

– Vai, vai. Quem é a maior fadista viva de Portugal?

A freada brusca quase põe o carro de rodas para o ar. O homem voltou-se para mim, doce de coco na voz:

– Ai, a Amália está cá? E não se sabe...

Assim é a fama de Amália Rodrigues, cantora dos pobres e dos ricos, ídolo dos portugueses, querida dos brasileiros e mito do mundo inteiro. Seu prestígio é tamanho que em Lisboa basta dizer aos choferes que se quer ir à casa dela,

– Para ir à morada da Senhora Dona Amália? Pode deixar...

E Amália é simples. De vedeta só tem mesmo a fama.

– Não gosto de falsidades. Há uns jornalistas que me perguntam tolices, que marca de sabonete mais aprecio, o que faria se tivesse tirado os quinze mil contos da Loteria de minha terra. Ora, o que eu faria... Deitar-lhe-ia as mãos em cinema... Não acha?

Acho. Não tive coragem de dizer pessoalmente, mas digo aqui, para que se saiba: é uma grande artista e uma grande mulher. Orgulho de Portugal.

2 e 3 de janeiro de 1963.

Um emprego

Eu também quero ganhar cento e cinquenta mil cruzeiros por mês, como aquela criatura que pôs o anúncio no jornal, assim: "Redatora categorizada procura Agência de Propaganda de grande gabarito. Só interessa Empresa que ofereça possibilidades de ascensão profissional. Trata-se de elemento com grande potencial de trabalho. Senso de responsabilidade. Entusiasmo. Mentalidade jovem e audaciosa. Capacidade de criar e inovar. Versatilidade. Perfeccionismo. Rara oportunidade para valorizar sua Equipe de Criação".

Não direi que seja uma redatora categorizada, mas que me interessa uma Agência de Propaganda de grande gabarito, lá isso me interessa. O gabarito onde vegeto, o mar à minha frente, uma ou outra gaivota atirando-se, airosamente, sobre os pobres peixes indefesos, não pode ultrapassar de três andares. O que, em matéria de altitude, sejamos honestos, não vale muito.

Ascensão profissional. Quem não a deseja, não sonha com ela, não espera por ela? Um elevador, também profissional, um bom ascensorista, também profissional, que nem pare nos andares. Suba logo direto. Da revisão à direção. Sem escalas, nem mesmo na sobreloja.

Potencial de trabalho. Não sei. Hoje faz calor, há caminhões cheios de abacaxis e melancias em todas as esquinas, do Leme ao Leblon. "Sorvete, espalharei por toda parte", parece cantar o homenzinho de uniforme branco e carrocinha amarela. Tenho água nas torneiras e as ruas se enfeitam para o Natal que se aproxima. Maria ainda me lava a cozinha e posso estirar-me ao sol até escaldar. Trabalho? Potencial de trabalho? Em janeiro? Não sei.

Senso de responsabilidade, como me pesa. Marido, duas crianças, menores e impúberes, como diz a lei. Vizinhos, amigos, parentes, reputação, a pátria, as greves, Pernambuco "falando para o mundo", Julião, meu ex-colega de faculdade, antes tão tímido, agora tão falastrão.

E o parlamentarismo, a guerra do Congo, Catanga, Nehru que já esqueceu Rabindranath Tagore e Gandhi, até mesmo o Capitão Gaivão Terramarear. Tudo isso recai sobre meus ombros e sinto-me responsável até pelo futebol carioca, quando o Vasco... Bem, mudemos de assunto.

Entusiasmo. Mentalidade jovem e audaciosa. Capacidade de criar e inovar. Versatilidade. Perfeccionismo. Rara oportunidade... Não. Não contem comigo. Só com ela.

16 de janeiro de 1963.

O craque e as crianças

Ei-lo aí em frente ao mar, na praia amena do Leblon, às dez horas da manhã. Alto, pernas curvas, queimado de sol, bigodeira a escorrer-lhe pela face tranquila. Começa chutando para um garoto que mal tem forças para correr atrás da bola, depois vai chegando mais um, mais um, mais dois, três, meia dúzia.

– "E cor-r-r-ta Pinheiro, rechaçando o balão para longe!!!", é o que estamos acostumados a ouvir nas grandes pelejas de futebol. "Cor-r-r-ta Pinheiro" já é axioma radiofônico e desportivo. Entrou para a lenda como o de Euclides e de Eudóxio. Pinheiro está no time do Fluminense é para cortar, para atirar muito distante, o couro perigoso. É uma barreira, um obstáculo, uma pedra no meio do caminho.

Olha só o Pinheiro, dono da bola, brincando, passando-a de uma perna para outra, de uma coxa para outra, rebatendo-a com o peito, com a cabeça, maravilhando os pequeninos de maiô, agora seus companheiros de time praiano. No momento o grande craque não cor-r-r-ta, serve, ajuda, distribui, dá no pezinho do menino que espera.

– Manda Pinheiro, chuta!

E Pinheiro, rija árvore humana, chuta, manda. O garoto apanha, devolve o balão, igualzinho Garrincha e Quarentinha. Como Pelé não se fala, porque Pelé é bárbaro e único.

Passam lindas mulheres de biquíni, rapagões dignos de Hollywood e nada desvia a atenção do *onze* esbaforido: são todos vedetes, correndo pelas areias leblonianas, parceiros e colegas de Pinheiro.

– Chuta, barbeiro, o Vasco te cansou ontem?

Ele ri, imenso como o Corcovado. Depois, para o jogo e vai levar às águas uma menininha de dois anos, flamante no seu maiô de duas peças.

20 de fevereiro de 1963.

Outros Carnavais

Às sete horas da manhã, sol fervendo e o chão reluzindo, nossa casa já estava animada.

– Ô madama, o homem das galinhas chegou!

– Manda ele entrar, Maria!

Maria fazia parte do acervo familiar, como o peixeiro, o miudeiro e o *homem do cuscuz*. Há dezessete anos resmungava, dava respostinhas ("Treze de maio já chegou"; "Eu sou uma só"; "Votes, só tenho dois braços") e seus doces de mamão e de caju eram famosos. O *homem das galinhas* era nosso freguês (no Recife o freguês é o vendedor) há vinte e cinco anos...

– Freguês, ma dá duas dúzias, mas quero galinhas bem gordas...

– Não tem galinha magra, Madama, está tudo *fulorindo* que é uma beleza...

Como era possível averiguar se as galinhas estavam florindo mesmo ou se era conversa do cabra? Sogravam-se determinadas partes da mercadoria: aí sim. Se a pele fosse rosada e limpa, teríamos cabidela dentro de algumas horas. Porque, para reforçar a turma que *fazia o passo*, dançando frevos agitados, quatro noites sem parar, fora o acompanhamento eventual dos blocos e troças, ao menos até à esquina de casa, haja comida!

A vizinhança nem se dava ao trabalho de sintonizar, com discrição, seus aparelhos de rádio. Carnaval é Carnaval e até mesmo as nuvens precisavam executar uma *chã de barriguinha* ou uma *tesoura* caprichada.

– "Não pense que eu estou triste, nem que eu vou chorar, oi! Eu vou cair no passo, que é de amargar!"

Como se caía no passo, meu Deus! Quem espiasse de longe, assim do pé da ponte da Boa Vista, via a multidão, como uma imensa corcova de camelo, subindo e descendo.

– Lá vem "Lenhadores", pessoal! Entra no corredor, porque é fogo...

– Que Lenhadores coisa nenhuma, "seu" amarelo de Goiana, tu não ta vendo que é "Madeiras do Rosarinho"?

Os clarins estrugiam, a massa pulava, um gaiato atirava lança-perfume nos olhos de uma cabrocha que nem quis lhe dar o braço.

24 de fevereiro de 1963.

Depois do carnaval

– Você viu?
– Viu o quê?
– Essa gente inconsciente...
– Que gente inconsciente?
– A nossa, pulando, sambando...
– E daí?
– Mas como é que pode?
– Por quê?
– A carestia da vida, as lagostas, o dólar...
– Esta gente, a nossa gente, esta que você apelida de inconsciente, é a melhor do mundo, a mais inocente, a mais generosa, a mais pura, no verdadeiro sentido do termo.
– O uísque lhe subiu à cabeça?
– Nunca tomei uísque na minha vida e estou velha para iniciar meu paladar agora.
– Então é isso, você começa a caducar. Dizer que essa gente...
– E pare de chamar esses anjos de *essa* gente!
– Zangou-se, hein?
– Sim. É fácil abrir a boca e lançar pejorativos assim à toa, como quem não quer nada: inconscientes, irresponsáveis, perdulários...
– Eu não disse nada disso, é você...
– Conheço o repertório todo e protesto! Vi o povo espiando, horas a fio, as deslumbrantes fantasias dos ricos, à porta do Teatro Municipal. Vi o povo, maravilhado, olhando as cintilações que enchiam a porta do Copacabana Palace. O que fazia o povo, essa

gente, sem arroz e sem feijão? Batia palmas, sorria às mais belas, atirava galanteios. Horas e horas na fila do nada, na fila de ver rico passar para se divertir. E se alegravam, rejubilavam-se porque são, os homens e as mulheres que compõem essa gente, os melhores cidadãos que uma Pátria pode desejar: os que não têm rancor.

1º de março de 1963.

A Florêncio Gonçalves

Mui Prezado e Distinto Patrício: permita que me dirija a você no mesmo tom com que se deu ao trabalho de remeter-me os recortes de jornal e algumas palavras desvanecedoras.

O amigo quer saber se conheço o desfecho de um caso passado em 1956, na Itália. Caso, aliás, interessante, lembrando, somente por causa da cor do homem amado. "Othelo, o Mouro de Veneza". Não tive notícias do fim, mas é fácil imaginá-lo.

Obi Brown, oficial aviador norte-americano e negro, designado para a base aérea de Aviano, conheceu Ana Maria, loira e linda, apaixonou-se e dela ficou noivo. Engenheiro, culto, fino, tinha uma voz cariciosa, o que muito facilitou sua tarefa de encantar a moça. Pois Ana Maria era cega.

Um dia veio a notícia, maravilhosa e apavorante ao mesmo tempo. A jovem enxergaria, se fizesse determinada e custosa operação. Obi teve receio: e se Ana Maria, ao vê-lo, desmanchasse o noivado? Verificando que seu querido não era branco, nem loiro nem dolicocéfalo?

Distinto Patrício e Mui Prezado missivista: o que falta a nós, mulheres, em inteligência, sobra-nos em faro. Em intuição. Além disso, temos um órgão que funciona, ai de nós, e que se chama coração. Pense bem e utilize os dons de sensibilidade que a natureza lhe deu. Não faça esse ar de modéstia, é sensível sim. Pois um homem que mantém guardados e amarelecidos dois pedaços do *Jornal do Comércio* onde se publicou, há quase sete anos, essa história, é dono de uma grande alma, vibrátil e delicada. Que acha de Ana Maria? Os cegos não enxergam, meu patrício, mas veem, às vezes mais, do que os videntes, como o meu caro amigo Renato Monard da Gama Malcher. Com toda certeza, ao recuperar a visão, ela teria dito, como nos dramalhões *"fin de siècle"*:

– És negro, querido? Eu sempre soube disso!

P.S. – É muita coragem chamá-lo de você, ó sombra que se esconde atrás de tão sonoro pseudônimo! Pela corretíssima apresentação do seu bilhete, você é juiz aposentado, leitor dos clássicos e um doce avô.

3 de março de 1963.

De pernas para o ar

Entro na biblioteca e, apesar da hora tardia, procuro um livro na estante. Gosto de reler velhas passagens, como se acariciasse as frases tão gratas ao meu coração. Enquanto os outros dormem, sonham e repousam.

Às apalpadelas, busco o volume na estante exata. Sei onde se encontra, é do lado esquerdo, junto ao *Homem de neve*, de Andersen. Está aqui, foi fácil de achar. Mas, qual, o que é isso? Não compreendo nada do que está escrito. É verdade que não acendi a luz, mas o livro é meu vadio camarada, companheiro de ócios numa rede à beira-mar. Folheio as páginas e a confusão continua.

Vou a outro. São sonetos a Helena, escritos mais com a cabeça do que com o sentimento. "*Ostez votre redute, que vous tenez des Dieux...*" Vamos lá, que o sono foge e as lembranças voltam. "*Ostez ce bel esprit, ostez moy ces beaux yeux. Cest aller, ce parler digne d'une... esse*". Ronsard. Ronsard, onde estás, por que me foges? Ei-lo, mas diferente. Não atino com as palavras.

Será? Duas tacinhas rasas do líquido espumante podem fabricar tamanha confusão? Afinal de contas, foram duas só. Tacinhas e não garrafas. O que se passa?

Bocage, ele é quem decidirá. "Sobre estas duras, cavernosas fragas, que o marinho furor vai carcomendo, me estão negras paixões na alma fervendo, como fervem no pego as crespas vagas." Na última prateleira, muito embaixo, quase no fim da coleção, conheço pela lombada meio rasgadinha. Vem cá, Manuel Maria, deixa ver as crespas vagas... Tudo diferente, parece uma língua oriental. Hebraico não é, porque não tenho livros nesse idioma nem o divino bardo lusitano foi traduzido de trás para a frente.

Acendo a luz e vejo que Maria andou por aqui. Sylvestre Bornand e seu crime, o Rei Lear e suas filhas. Próspero, Ariel e

Caliban juntamente com Oliver Twist dançam estranha coreografia, enquanto Mário de Andrade discorre, de cabeça para baixo, sobre a música e seus problemas. Madame de Sevigné e Machiavel perderam a cabeça, estão de pernas para o ar.

5 de março de 1963.

Como ela gosta

Apesar do que foi dito, não sou exímia preparadora de lagostas. Aliás, na realidade, acho que ninguém o é. Os franceses – exímios quituteiros de qualquer coisa – servem-nos qualquer coisa lindamente, com molhos e nomes rebuscados. Tem razão Júlio Camba ao dizer que "dessa grande cozinha derivou-se toda uma literatura culinária e, agora, surge uma cozinha essencialmente literária". O que há numa lagosta? Nada. O que se serve, por fora e por cima dela, é que são elas.

Meditando sobre o paladar humano, ponho-me a satisfazer o meu. Vou fazer doce de goiaba e depois mergulharei, cantando hosanas, no vasilhame inteiro.

– Quanto é a dúzia da goiaba, moço?
– Sessenta cruzeiros, quantas quer?
– Umas três. Rápido...

Rápido é o ato de lavá-las e cheirá-las. Como trescalam bem essas frutinhas mixurucas das estepes fluminenses! Goiaba, só na minha terra, mas estas daqui talvez cheguem a dar compota suportável. No Recife, são vermelhas por dentro, polpudas, macias. Menos as chamadas pera e as da China, meio pálidas, como o refresco de mangaba ou de caju. Folha de goiabeira também serve. De vez em quando a gente precisa tomar chazinho.

Boas goiabas estas, o homem não me enganou. Corto a casca com uma faca afiada no ponto e atiro a serpentina vegetal na vasilha da esquerda. Corto a fruta ao meio, arranco-lhe o miolo encaroçado e devo jogá-la na vasilha da direita. Bonita goiaba, macia, cheirosa. Parece as que eu arrancava do galho, no quintal da rua das Ninfas. Quanto bodoque, meu Deus, era possível confeccionar, com pedaços de ramaria perdida pelo chão. O mais difícil era arrumar elástico, mas dava-se um jeito. No final das contas, o bodoque não me servia de nada, pois a ideia de matar um passarinho me dava voltas no estômago.

Cheirosas goiabas estas, de Campos. Até parecem as que o freguês trazia à nossa porta. Com esse cheiro irresistível, o céu azul e as músicas enchendo o ar, voltam os anos que passavam o sabor da adolescência iridescente. E tenho de comprar outras goiabas, pois estas comi enquanto meditei.

6 de março de 1963.

Salvador

– Você viu o homem?
– No cais do porto?
– Não, na televisão, no *vídeo tape* de Salvador...
– Fui ao cinema, perdi.
– Perdi é bem o termo. Foi um espetáculo.
– Ele continua o mesmo?
– Com algumas variações.
– Para melhor ou pior?
– Isso nunca se sabe. Às vezes o que parece melhor é pior e vice-versa.
– Que coisa mais sibilina, meu Deus!
– Influências, querida, do entrevistado. Ele estava o máximo. A bruma londrina atenuou aquele sotaque esdrúxulo, dando-lhe à voz umas inflexões macias, cariciosas mesmo. Não sei se os arenques e batatas fritas constavam do seu cardápio diário, mas o homem engordou. O colarinho não dança em torno do pescoço e a gravata ostentava um nó decente.
– Ele estava um estouro...
– Um estouraço. Cabelinho lustroso, apenas uma mecha irrequieta caindo sobre os olhos do renunciante.
– Ó língua venenosa...
– Renunciou ou não?
– Bem, as forças ocultas...
– Renunciou ou não?
– Vá lá, vá lá. Mas as forças ocultas...
– E ele disse que nunca usou essa expressão. São invenções do poder econômico, apátrida e horrendo.

– Apátrida?

– É ótima. Não aponta ninguém, fica tudo ainda mais confuso e ele mais preclaro.

– Ele apontou novos rumos?

– Para ele ou para o Brasil?

– Deixe de gracinhas! O caso é sério.

– Muito mais do que você pensa. Brincou de esconde-esconde, de marre-marré, só faltou cantar a rosa amarela. Um anjo, uma criança, um inocente do Leblon. Só ele enxerga, só ele vê, os outros são errados. E se a capital baiana ainda não o fosse, passaria agora a ser.

– O quê?

– A Cidade do Salvador.

7 de março de 1963.

Só para ti

Está é para ti. Quem sabe foste um dia meu chofer? No teu veículo, quem sabe? Levaste-me a algum lugar que já esqueci, num dia que não recordo, ao encontro de alguém que se evaporou?

Para te homenagear, esta crônica. Quem sabe me penteaste?

– Depressa, Figarozinho, tenho de ficar formosa. Como a rainha do mar!

Talvez tivesses sido meu médico. A tremer, sob cobertores, é possível me houvesses visto.

– Não posso ficar doente, Doutor. Quero ser forte como a brisa que sopra de madrugada.

Só para ti. Quem sabe foste meu confidente? Cartas, recados, cochichos, horas chorando no teu ombro. Quem sabe?

– Pois é, disseram ontem que...

Meu carteiro pontual. Lembro-me de ti. As manhãs desabrochavam, cálidas, azuis, como as palavras que pingavam no meu coração.

– É hoje, carteirinho? Que me trouxeste hoje? Sou uma deusa? Sou uma fada? Ou verei o sol à meia-noite?

É toda tua esta oferenda. Quem sabe estudamos juntos? Na minha casa ou na tua, nos teus cadernos ou nos meus?

– Dita depressa, menino. Quero passear de bicicleta!

Meu examinador, talvez me reprovaste, indiferente. Talvez por tua causa eu tenha perdido as férias em Garanhuns.

– Não sei o ponto, "magister". É o único que não estudei...

Quem sabe foste meu patrão? Provavelmente me perseguias, talvez eu não corroborasse. Cedilhas em lugar de til, somas em vez de subtrações. Os erros se multiplicavam. Quem sabe?

Só para ti. Exclusivamente para ti. Esta oferenda. A teus pés a deposito.

Talvez foste o meu escravo. Talvez foste o senhor. Talvez foste rubro cravo. Só sei que foste uma flor.

3 de abril de 1963.

Pelé

Tudo nele é fácil de lembrar, a começar pelo nome: Pelé. É possível que as francesas, entusiastas do deus negro, afrancesem, delicadamente, o som aberto das vogais. Falado assim: Pelê. O que não deixa de ter a graça gaulesa do sotaque.

Vi-o pela televisão em São Paulo, e foi um deslumbramento. Ele estava, calmamente, batendo uma bolinha, como quem não quer nada, de um pé para o outro. Do direito para o esquerdo, do esquerdo para o direito. Os outros olhando, espiando. E o menino brincando.

De repente, parece que entrou-lhe no couro um demônio, uma chama, uma alucinação. Eletrizou-se todo mundo, inclusive os espectadores do vídeo, distantes do Maracanã, distantes da Guanabara, fora da febre contagiante da torcida. Numa fração infiníssima de tempo, algo baixou naquela figura olímpica, algo que fez tremer o estádio e a nós, distantes.

E ele pôs-se a estender um lençol à sua frente, um lençol invisível e sutil, um lençol onde os adversários, estupefatos, quedaram-se estarrecidos, sem saber o que fazer. Dentro de um bolo humano, Pelé sozinho, dando passes para si mesmo, foi conduzindo a bola, para frente, cada vez mais para a frente, até que, num passe de balé, fez um gol inacreditável. Sozinho. Saindo da maior confusão que se consiga armar, da boca da meta.

Ovacionado pela multidão, àquela hora unânime no aplauso ao monstro sagrado, o que fez o herói da noite? Abraçou-se. Cumprimentou-se. A si mesmo. Passou os braços em torno dos próprios ombros e, dando voltas como uma carrapeta, contagiou o Maracanã, que o aplaudiu ainda mais. Era um garotão, encantado com a proeza que realizara.

Pelé, o mágico, Pelé, o bruxo, Pelé, o ídolo dos brasileiros e dos estrangeiros, realiza para o nosso país não só uma promoção no exterior, como algo mais patético. Esse menino de ouro devolveu-nos, na hora em que as coisas ficam pretas, aquilo que pouca gente nos pode dar: a confiança.

3 de maio de 1963.

A Seleção de Ouro

Pois eu vou defender a Seleção de Ouro, coitada, vítima de tantos ataques de um bando de despeitados. Pobres rapazes, alvo inglório dessas flechadas roxas da inveja e do ciúme.

Perdemos em Lisboa, quando a primavera estava no auge. E não era para perder? Estive em Lisboa, num doce mês de maio, o céu daquele azul lavado a que tanto se refere Eça de Queirós. Um friozinho arrepiava-me a pele, um calorzinho aquecia meu coração. No aeroporto, mimosearam-me com miniaturas de Quinado Constantino e nem precisei degustá-las para acelerar as brasas. Pois estava em Lisboa.

Perdemos em Bruxelas. E não era para perder? Estive em Bruxelas quando o sol começava a brilhar sobre a cabeça dos homens, das mulheres, dos velhos, das crianças, das flores, das casas e das árvores e dos rios. Luzes multicores enfeitavam as noites belgas lembrando à pernambucana a distante Festa da Santa Cruz. O ar cantava de alegria e nem era preciso ouvir músicas. Pois estava em Bruxelas. E aí perdemos de cinco a um.

Perdemos em Amsterdã. Compreendo que se perca um jogo em Amsterdã. Sou suspeita para falar em Amsterdã, para contar as belezas de Amsterdã, os encantos de Amsterdã, as amenidades de Amsterdã. Para começo de conversa, Amsterdã é linda, toda cortada de canais, Keizersgracht, Herenngracht, Prinsengracht. Do fundo das águas sobe um aroma de mistério, de toda parte emana um clima de encantamento e de graça. Pardais vêm comer à mão dos transeuntes e guardas do trânsito, montados a cavalo, param o tráfego para as velhinhas atravessarem a rua. Flores, frutos, crianças, museus, barcos, praças, vitrinas, sobradões antigos, nuvens baixas, um céu desmaiado, tudo isso se encontra em Amsterdã no mês de maio. Tínhamos de perder. De um a zero.

Perdemos para a Itália. De três a zero. Não estive na Itália. Mas Florença, Veneza, Roma e suas fontes, a Via Appia e sua história, Milão, Turim, as praias, as "*ragazzas*", o azul..., as sedas, as modas, a "*dolce vita*", o "*sole mio*", o... "*tuti quanti*"... Qual, foi um prazer perder para a Itália.

O resto é conversa do amarelo de Goiana, como se diz na minha terra.

13 e 15 de maio de 1963.

Deixa passar

Saindo da beira do cais, entro numa ruela umbrosa e, para mim, desconhecida. Acocorados à porta de um bar, desocupados jogam e riem, são cinco horas da tarde e o sol já sumiu, soprando agora uma brisa fria.

Passo a mão no cabelo recém-arrumado e na cabeça não encontro ideias, apenas um penteado feito com maestria. Como agir, meu Deus? Assusto-me, atravessando esse agrupamento irreverente que grita e gargalha, aposta e blasfema.

Mas vou andando, é impossível recuar na altura em que estou. Carros passam, buzinando, e algumas damas da noite prematuramente piscam a filho num para m bando de soldados que saem do quartel.

Desço a calçada, cruzando, aflita, os buracos e paralelepípedos desconjuntados que ameaçam os saltos finos dos meus sapatos. Assim mais esta! E se escorregar à frente da turca-multa digna da pena de um Gorki?

– "Arreda, pessoal! Deixa a família passar..."

Saindo não sei de onde, salta um mulato de quase dois metros de altura e empurra à direita, afasta à esquerda.

– "Vamos, vamos, deixa a família... Arreda!"

Deixa a família passar... E eles deixam, abrem caminho para a ave estranha àquelas paragens. Retiram os dados, os copos, varrendo o chio com as mãos e soprando a poeira do cimento.

Sorrio para eles todos e eles sorriem para mim. Embora, nem de leve, comentem, contidos galãs, as faceirices do meu penteado novo, sinto-me subitamente bem.

No meio da áspera roda humana, capaz de arredar caminhão. Para família passar.

25 de maio de 1963.

Evandro Gueiros Leite e Osvaldo Lima Filho

Os bacharéis da turma de 1943, da Faculdade de Direito do Recife, tiveram duas grandes alegrias esta semana. Ou melhor, duas vitórias.

A primeira, na ordem cronológica, trazida por Evandro Gueiros Leite, que, dispondo apenas de um mês para rever a matéria, conquistou, magnificamente, a Livre-Docência de Direito Judiciário na Faculdade de Direito da Guanabara.

A segunda, magnífica também, trouxe-a Osvaldo Lima Filho, agora Ministro da Agricultura, neste país essencialmente agrícola e cheio de esperanças.

Evandro Gueiros Leite, o Prof. Evandro Gueiros Leite, sempre foi um menino ilustre. Já nos idos do Curso Complementar, no casarão da Rua Aurora, onde funcionava o Ginásio Pernambucano, sentia-se nele o *amagisters*. Estudioso, aplicado, sério, nunca se vinculou a movimentos políticos, e seus deuses eram Jellinek e Savigny. Seus alunos verão agora o mestre circunspecto e solene. Eu vejo o adolescente de roupa de caroá quadriculada e chapéu de feltro desabado na testa nobre.

– Flora Machman, estás atrapalhada com algum quesito?

– Sopra o n°. três...

O futuro Livre-Docente dizia tudo, soletrando, pontuando, não arredando o pé enquanto seus conhecimentos fossem necessários. E o quesito obscuro se iluminava, de repente.

O Ministro Osvaldo Lima Filho sempre foi um bom rapaz e aluno de primeira ordem. Civilista emérito, fazia parte dos respeitados pelo exigente catedrático Soriano Netto.

Esta deveria ser uma grave crônica de uma quadragenária. Não consigo fazê-la assim.

Volto a ter dezoito anos e beijo meus dois queridos amigos, Evandro e Osvaldo, em nome de seus colegas. Da turma de bacharéis de 1943. Da Faculdade de Direito do Recife.

26 de junho de 1963.

Érico Veríssimo

Naquele seu modo tranquilo de falar, Érico Veríssimo conversa. Sobre vários assuntos. Da Literatura à Política. Dos autores às obras famosas, dos nacionais aos europeus e norte-americanos.
— As reformas? Ah! Se fosse possível reformar o caráter dos que nos governam, essa seria, na minha opinião, a reforma mais importante, a mais urgente, em suma, a mãe, a fonte de todas as outras reformas. Fala-se muito na agrária. Acho que deve ser começada o quanto antes, mas com o maior cuidado e a maior seriedade para evitar que, uma vez feita, o agricultor venha a morrer de fome em cima da terra que ganhou. Essa reforma terá de ser levada a cabo de acordo com as condições peculiares a cada região do país. Não pode ser uma reforma romântica à la Robin Hood, nem passional à maneira da Afáfia. Parece-me de suma importância tomar providências drásticas para evitar que o fisco seja lesado e para que todos paguem impostos de acordo com a lei. A constituição dá ao Presidente da República a autoridade de que necessita.

Existem pressões externas que estrangulam a nossa economia? Pois que os responsáveis denunciem ao povo a fonte dessas pressões, dando nome aos bois, e não fiquem apenas resmungando como velhas comadres sobre "forças ocultas".

— Passatempos? Ler, viajar, gostaria de pintar, mas venho transferindo esse *hobby* para o futuro. O pior é que um homem de minha idade sabe que o futuro não é amanhã, mas hoje. Dia virá em que esse futuro terá sido ontem ou anteontem... Ah! Ia esquecendo o passatempo mais querido: "lidar" com os meus netos.

É o tipo de *hobby* de luxo, pois esses três bandidos moram nos Estados Unidos, onde nasceram.

— Não sou um "*writer's writer*", sei bem disso. Sou um homem de classe média que tem sempre escrito sobre a classe média. No fundo, um provinciano, um serrano.

1° de agosto de 1963.

Código dos filhos

Para que os leitores possam avaliar até onde vai a malícia de C. R. S., de nove anos de idade, transcrevo aqui as elucubrações de sua "verve" jurídica;

1) É proibido às irmãs usar coisas dos irmãos, sem os consultarem.

PENA: Dar as coisas que o irmão indicar.

2) É proibido às irmãs verem dois programas que elas quiserem seguidos, de televisão. PENA: Uma coisa que o irmão quiser.

3) O mesmo repete-se aos programas de rádio.

PENA: Idêntica à anterior.

4) É proibido às irmãs ficarem falando de lotações quando o irmão não quiser.

PENA: Jogar o jogo que o irmão quiser.

5) Não dançar o *twist* sempre que se toque um.

PENA: Cr$ 150,00.

6) As penas devem ser cumpridas rigorosamente.

7) Os artigos devem ser cumpridos rigorosamente, senão:

PENA: Cr$ 100,00.

8) Não provocar o irmão.

PENA: Receber uns pontapés.

9) Não ridicularizar o irmão.

PENA: Cr$ 260,00.

10) Não desmoralizar o irmão.

PENA: Cr$ 120,00.

Revogam-se as disposições em contrário.

4 de agosto de 1963.

Acredite quem quiser

Chego em casa afobadíssima. O aquecedor emperrou, a cozinheira emperrou, o lotação voou demais, a cerração me obscureceu completamente. Dona Yolanda, a lavadeira *"chargée d'affaires"* da minha domesticidade, passeia seu nariz achatado pela casa. Tudo está buleversado, como o coração do grande poeta Manuel Bandeira.

Aflitíssima, interrogo.

– Alguma empregada telefonou para mim, será?

– Telefonaram duas, madama.

Que descanso, Deus seja louvado nas alturas.

– Disseram se era para cozinheira, para copeira?

– Não senhora. O serviço não disseram, não.

– Deram os endereços, os nomes, pelo menos?

– Só deram os nomes. Também não disseram os ordenados.

– Fala criatura, que chamo já. Quem são essas crioulas?

Depressinha, ela falou:

– Uma diz que é uma tal de Cecília Meireles. A outra falou que era Guiomar Novaes.

***

No telefone do cabeleireiro, conto isto à minha querida Maria Luiza do Amaral Peixoto.

– Maria Luiza, escuta... Para cozinhar... Para copeirar...

– Quando desligo, diz-me o Fígaro, finíssimo:

– Que bom, agora a senhora já arranjou uma tal de Maria Luiza para sua casa. É para arrumação ou para todo serviço?

14 de setembro de 1963.

Carré de porco romântico

Levo meu filhinho no restaurante do subsolo do Clube de Engenharia.
– Traga, por favor, dois "*carrés* de porco". Com bastante tutu.
O garçom é rápido. Eis a travessa, fumegante e odorosa.
– Mama, quando eu sair daqui não sei mais se é dia ou noite...
Realmente, não é que eu seja intelectual do picadinho, mas até mesmo um infante de nove anos deixou-se envolver pela música suave, pela tonalidade discreta do ambiente, paredes de cores agradáveis, o azul-claro das toalhas de mesa, dos guardanapos. Pelo passo do *maître*, suave como "o pé da madrugada".

O menino come, o salão vai diminuindo, tanta gente vem entrando e dá-me uma moleza, uma preguiça imensa, uma vontade de ir ficando, bebericando essa água tão gelada, tão inconsequente, de ir degustando esses morangos mergulhados no creme, até cansar.

– A madame quer mais alguma coisa?

Quero. Quero o fim das greves, quero que a Dina volte logo, que a cerração vá embora, que a Casa do Pequeno Jornaleiro arrume muito dinheiro para essa obra extraordinária de D. Darci Vargas, quero que o Zé Luiz de Magalhães Lins (cantado em prosa e verso) resolva os meus problemas. Financeiros. Quero que Pelé não deixe nunca de jogar e que Nelson Rodrigues não deixe nunca de escrever sobre futebol.

Enquanto vou querendo isso tudo, o *carré* acaba, mas a onda romântica permanece. Por obra e graça da voz do Sinatra, cantando a plenos pulmões que está "*in the mood of love*" por mim.

19 de setembro de 1963.

A falta do dinheiro

É verdade, dizem que não há dinheiro por aí. Os bancos estão fechados, os escritórios parece que vão fechar, falam que a greve será geral. Ou melhor, para usar os tropos do meu querido amigo Alfredo Pessoa, ex-presidente do Diretório Acadêmico da Faculdade de Direito do Recife, do Chuí ao Solimões, tudo estará fechado. *Et nunc et semper.*

E daí? Eu irei à praia, Rubem Braga olhará pela janela, verá moças, espumas flutuantes, gaivotas e borboletas amarelas, enquanto minha lavadeira e minha cozinheira verão estrelas.

Minha prova parcial na Pontifícia Universidade Católica será adiada, com toda a reverência que faço às coisas sacras. E pedirei a Deus que o ponto seja fácil, já que o dinheiro anda escasso.

As lindas e bem lavadas vidraças dos bancos perderam o antigo brilho. Não fulgem mais. Só o papel pintado, rabiscado, um papel revolucionário, palavras candentes (grevistas de todos os países, uni-vos!) se destaca, rugidor:

– Queremos o salário patriótico!

Patrioticamente, sem salário embora, envio meu abraço a este jornal, que hoje completa 137 anos, patrioticamente devotados à causa pública, ao Brasil e às nossas liberdades cívicas. Com dinheiro ou sem dinheiro, com pandeiro ou sem ele, parabéns para vocês.

No mais, o vil metal não me afeta. A falta de vil metal, sim.

Por isso, fecharei esta máquina e irei contemplar as vitrinas, repletas de lindos vestidos, de lindos sapatos, de lindas bolsas e resmungo, com meus botões, que não são de minha propriedade por causa da intransigência dos senhores banqueiros. Se pegar, pegou.

Homens vão e vêm, carrancos, furibundos, semelhantes às nuvens sombrias que agora cobrem o céu. São maridos sem dinheiro, pais sem embrulhinhos de fim de mês, são homens com a carteira vazia no dia 30.

Mas não faz mal. Deixei de comprar a última criação de Balenciaga por causa das retrógradas classes patronais. Não tenho Mercedes Benz à minha porta porque...

Enfim, fechemos a máquina, abramos os olhos e voltemos a Bocage:

"Sobre estas duras cavernosas fragas

Que o marinho furor, vai carcomendo,

Me estão negras paixões n'alma fervendo

Como fervem no pego as crespas vagas".

2 de outubro de 1963.

Carta

Meu querido Pelé: aliás, começo mal. Nosso querido Pelé: saudações. Escrevo-lhe esta num dia morno, em que o ar é morno e as notícias, maldosas. Dizem as venenosas línguas que espalhei, furiosa, destruição sobre a ilha de Cuba, num anticastrismo surpreendente para quem não conhece as iras femininas. De fato, somos deusas e feras, vinagre e mel de engenho, amorosas e implacáveis, gatas e panteras. Mas não me atirei sobre Cuba não. Atiro-me a seus gloriosos pés, Pelé querido, pedindo uma dádiva para esta noite, que, ao que tudo indica, será morna também. E cheia de pétalas murchas, de troncos desconjuntados, de ondas e marulhos.

Pelé, mostre daqui a pouco, em Milão, no Estádio Arena, o que vale um ídolo brasileiro, nesta hora em que os mitos se esfarelam como pão cheio de milho empilhado nas nossas padarias.

Um navio branco da nossa frota foi ferido de morte. Dia a dia, as coisas se complicam. As ações da bolsa, e que eram boas, passaram a piorar. O céu guanabarino, outrora azul, acinzentou como os meus cabelos, antes castanhos. Se não devemos dizer que tudo vai mal, erraremos parodiando o dr. Pangloss, que tudo vai bem no melhor dos mundos possíveis. O dr. Pangloss quem é? Um remoto colega do dr. Gosling. Mas não cuidava dos jogadores de futebol. Pelé, Pelé querido, ajude-nos esta noite, noite em que o Santos talvez venha ser Bicampeão Mundial Interclubes. Faça descer a glória sobre nosso pendão verde e amarelo, que "a brisa do Brasil beija e balança". E eu não lhe direi mais que o dia é morno, que o ar é morno e que eu mesma estou morna como um colibri sem asas.

Eu lhe direi...

Bem, faça o seu jogo primeiro.

O resto, eu lhe direi depois.

N.R. Esta crônica foi escrita antes do jogo de ontem.

17 de outubro de 1963.

Rubirosa

Acossam Don Porfírio de todos os lados, mal chega ao Itanhangá para uma visita informal. Desce do carro preto de Didu Souza Campos, e a imprensa voa sobre o ex-embaixador de Trujillo e seu ex-sogro.

Imperturbável, naquele andar de "*danseur* nobre", Rubirosa atende aos repórteres do rádio, da televisão, dos jornais e das revistas. Uma leve garoa respinga-lhe os cabelos glamorosamente grisalhos e a blusa azul-escuro colada ao peito atlético.

– Rubirosa, quais os nomes de suas esposas anteriores?

– Rubirosa, você já apanhou de algum marido enganado?

– Rubirosa, você já teve algum caso com alguma brasileira?

Rubirosa, Rubirosa, Rubirosa – todos o chamam pelo sobrenome, todos o tratam de você. Parecem um bando de libélulas assanhadas em torno da luz.

– Rubirosa, quais os nomes de suas esposas anteriores?

Algumas vezes sorri. Sai pela tangente. Airosamente. Como joga polo, haste fina sobre o cavalo. Outras vezes, não compreende. Traduzo para o francês, a pedido dos colegas, língua que lhe é extremamente familiar. Ele sorri.

– Rubirosa, qual o segredo do seu sucesso?

– Com quem?

– Ora...

A tarde vai escurecendo, carros e mais carros engrossam a fileira dos que já se encontram alinhados em torno do campo, e o alvo, a meta, a mira única é o marido de Flor de Oro Trujillo, de Doris Duke, de Danielle Darrieux, de Sza Sza Gabor, de Bárbara Hutton, e agora, de Odyle Rodin.

– Rubirosa...

– Rubirosa...

– Rubirosa...

Don Porfírio vai e volta montado na água Colombina, segurando as rédeas com firmeza. Respira fundo, achando o tempo adorável e a paisagem linda.

No que está coberto de razão.

21 e 22 de outubro de 1963.

Fim de semana

Na noite serrana, o ladrar dos cães é perturbado, apenas, pela gritaria dos rádios descrevendo a partida decisiva entre o Santos e o Milan. Corta Haroldo, chuta Pelé, defende Gilmar, arremete Almir... E a passarada, antes irrequieta e cantadeira, dorme, guardando as baladas esvoaçantes. Até mesmo o colibri azul, namorado de todas as dálias, de todos os lírios, de todos os brincos-de-princesa, repousa sossegado. É tarde para o bailado floral. A hora é do futebol.

– Defende Gilmar, o goleiro bicampeão mundial!

E a massa urra, a massa vibra, a massa aplaude, em delírio, as mãos, os pés, o corpo, a agilidade do goleiro bicampeão. O gol não passou pela barreira nacional.

O vento agora chega a ser feroz, assustando-me um pouco. Nova rajada fogosa com o ímpeto de Almir, "Pernambuquinho", derruba uma árvore meio esmirrada, lá no fundo do quintal. Quase cai na sala onde as pessoas, tensas, em estado de possíveis bicampeões mundiais interclubes, escutam a narrativa do locutor.

– Chuta para Amarildo que, de pé direito...

Nova rajada invade a casa teresopolitana, não de vento, mas da opinião da massa amorfa, da massa para nós invisível e tão presente.

– Amarildo, ú, u, ú!

– Amarildo, é ele, é ele, é ele!

A cada manobra do carioca de Vila Isabel, jogando hoje contra o Brasil, este ruge, critica, censura.

– Amarildo, ú!

– Amarildo, é ele!

É ele que, por causa de alguns milhões, enfrenta o seu próprio povo no Maracanã, onde tantas vezes se cobriu de glória. Por causa de algumas dúzias de camisas esporte a mais, joga contra a bandeira verde e amarela.

Tão perto, contra o ulular da ventania sobre a montanha, por entre o arvoredo, abalando janelas e telhados, está o povo, sublinhando, com seu alarido, aquilo que lhe parece bom e o que lhe parece mau. São três em campo: o Santos, o Milan e a torcida brasileira, cálida, vibrante, amorosa e cruel.

18 e 19 de novembro de 1963.

Lacerda, ora essa...

O ônibus vindo de São Paulo vai entrando nos subúrbios cariocas. Agitam-se os passageiros, apontando para cá, assinalando algo lá.

— Pois é, o homem é de morte. Tem tempo de traduzir peças, ensaios políticos, cultiva rosas, de vez em quando dá um pulinho em S. Paulo para comprar mudas de plantas...

— E eu não sei como ajeitar meu dia, não tenho tempo para nada...

Espio as ruas, antes esburacadas, cavalos e carroças atravancando o trânsito, lixo amontoando-se pelos caminhos recobertos de lama e pedras soltas. Tudo limpo, arrumado, com ar de cidade civilizada.

— Eu não votei nele. Nem fazia a mínima fé. Lacerda falava demais. Todos são corruptos, ladrões, insinceros, comunas. Se ele se candidatar hoje, sairei de bandeira nas mãos e um grande????

— Mas se está tão pouco no Rio...

— Uma boa dona de casa não encera, não cozinha, não limpa vidraças. Manda "fazer", por pessoas competentes, o que ela programa de véspera. Lacerda não precisa calçar as ruas, arborizar as praças, enfiar água pelo Guandu a dentro. Basta mandar fazer isso tudo.

A esta altura, dói-me a cabeça fatigada e entro num táxi, cujo chofer inicia logo uma conversa. Enquanto dá as maiores guinadas do mundo, embasbacado com a paisagem.

— Ninguém dava nada pelo Lacerda, hein?

— E o senhor?

— "Ora, Lacerda", dizia eu cá com meus botões. Ele só sabe é xingar. Mas veja só a beleza que está esta nova pista de Botafogo!

Agora pode-se viajar com calma, de cá para lá, de lá para cá. Ora, Lacerda... O homem é bom mesmo.

De fato, o Rio parece que ficou maior, mais formoso, mais limpo. E mais dinâmico. Adquiriu o famoso ritmo de Brasília, o *Brasilia rythm*. Caminhões espalham-se pelo aterro, carregando instrumentos de trabalho, garis, operários, plantas, latões, numa demonstração de vitalidade e progresso. Comovedora a campina verde onde as florinhas, quais papoulas dos campos de Flandres, choram a morte do nosso expedicionário, na derradeira guerra mundial. Fumaça, cheiro de asfalto, guindastes, escavadeiras, coqueiros, tufos de "nuvens" por entre os canteiros de Botafogo, crianças, velhos e namorados, tudo isso marcando a nova paisagem da novíssima Cidade Maravilhosa.

– Pois é, madama, enquanto os outros vadiam, o Lacerda trabalha. A madama conhece o Lacerda?

Conheço, motorista, conheço Lacerda. Ele é muito inteligente. Ele é de morte.

21 de novembro de 1963.

Se eu te amasse

Perguntes-me se eu seria capaz de te amar. Não. Se eu te amasse, o calor que agora desaba sobre nós seria a mais delicada das primaveras, o arvoredo arrebentando em brotos novos, finos e verdes. As folhas, neste instante, estão recobertas de poeira de estio, de cigarras. Eu não te amo, bem.

Se eu te amasse, as noites seriam mais formosas, límpidas, alegres e cheias de peculiar encanto que só os enamorados conhecem e os poetas cantam. Belamente versou Camões dizendo-se aos pés dela, "rendido e atado". Lindamente entoou Bocage, "chorosos versos meus, desentoados". E Baudelaire ao "*Ange, Gardien la muse et la Madonna*" e Machado à Carolina "ao pé do leito derradeiro". E eu, pobre de mim, nada mais sei do que desarrumar dessarumada prosas. Se eu te amasse, faria baladas, comporia odes, sáficas ou anacreônticas. Eu te faria versos, mesmo de pés quebrados. Reflexo do quebrado coração e do quebrado sossego. Mas não amo não.

Se eu te amasse. Ai se eu te amasse, os meus olhos cintilariam com a cor das esmeraldas descritas nas histórias das Mil e Uma Noites. Refulgiriam como as gemas de um rajá, de mil rajás. Eu teria o andar leve como o do cisne antes de morrer, como o das gazelas e das cervas do campo. Teria a beleza e a graça dos cabritinhos que se apascentam por entre os lírios. Se eu te amasse. Mas não amo não.

O mar se cobriria de peixinhos doirados, prateados, de sereias um pouco mais felizes do que as de Andersen. Em altas vagas verdes ele viria me cumprimentar quando, insone pensando em ti, eu me debruçaria sobre a janela. Viria beijar-me as mãos trêmulas à tua espera. Mas não te amo não.

Se eu te amasse, tudo seria mais fácil, mais formoso e mais suportável. Porque terias dito que sou bela, jovem e diferente das demais. Eu acreditaria e isso me transformaria em esgalga deusa, superior à Diana e à própria Vênus, à Pallas Athena. Porque eu acreditaria em ti.

Se eu te amasse, seria democrata contigo, marxista-leninista contigo, budista, xintoísta, panteísta e loguista fanática. A tua igreja seria a minha igreja, o teu altar o meu altar. Onde o grande Deus serias TU.

Mas o dia está quente e a noite será inodora, o mar me é indiferente e todas as religiões são igualmente boas.

Não te amo não.

8 de dezembro de 1963.

O meu amor por ti

É verdade, eu te amo. E daí? Eu te amo porque és belo, és forte e no teu olhar encontro sempre reflexos do meu próprio olhar. Que vem das profundidades dos protoplasmas, das peles iguais, das almas iguais. Por isso te amo eu.

Eu te amo, porque o resto não tem a menor importância. Os bailes, as festas, os passeios no crepúsculo, a descoberta de mil folhinhas, de mil encantos escondidos atrás de cada pedra, de cada ramo de arvoredo, de cada ponte e de cada rio. Porque nada mais importa, longe e fora de ti.

É verdade, muito te amo eu. Porque um gesto vindo de ti é uma ordem e eu a obedeço, rebelde indomada e arrogantíssima. Uma ordem vinda de ti é um sussurro e um desejo expresso por ti, um reclamo. Por isso, eu te amo.

Eu te amo mesmo, para que negar? Está tudo tão claro e tão simples, por que razão o negaria eu? Quando todos veem a minha face sorridente e deslumbrante, porque deslumbrada. Ante tuas mil belezas, teus irresistíveis encantos, tuas graças e ademanes.

E se eu não te amasse, seria a mais desnaturada das mulheres, a mais impiedosa das criaturas, a mais desgraçada das flores do campo. Até os gatos se amam, até os japoneses se reconhecem, até os cegos sentem nos olhos mortos, a refulgente claridade. Por que então não te amaria eu?

Por entre a multidão reconheço teus passos, no silêncio da noite, distingo sua voz na tempestade e no dia azul, eu te espero e de acolho, ó alma gêmea da minha, ó "olhos da cor dos meus cuidados"!

Eu te amo e espero que realizes grandes coisas, por ti, por mim, por nós todos. Sei que há em ti poderes, forças e talentos, sinto que posso esperar a floração das tuas realizações. Grandes ou pequenas, brilhantes ou não, terão para mim a refulgência das grandes vitórias, das grandes batalhas, das grandes sinfonias.

No seu olhar encontro sempre reflexos do meu próprio olhar.

Na tua pele igual à minha e na tua carne, filha de minha própria carne, te amo eu, meu filho único, herdeiro meu e meu caçula.

16 e 17 de dezembro de 1963.

Notícias de Cecília Meireles

A chamada telefônica é de longe, é interurbana. E soa-me aos ouvidos aquela voz, tão familiar, tão rica de inflexões formosas e raras.

– Como vai ilustre poetisa? O que tem feito de bom aí em São Paulo? Muitas coisas. Primeiro, Cecília Meireles fala-me da sua saúde, cada dia em franco progresso. Sente-se forte, disposta e, principalmente, árdua trabalhadora que é, ansiosa para retomar seu ritmo normal de labor.

– Tenho escrito bastante e mantenho em dia minha colaboração para as "Folhas". Fiz alguns poemas inspirados nessa experiência de hospital paulista. O contato com novas pessoas, novas circunstâncias de minha vida, foi, de certo modo, inspiração. Aliás, a poesia anda no ar. Cada um pode captá-la...

Indago quando volta para o Rio, onde sua casa, suas flores, seus livros, seus objetos trazidos da Índia, sua família, seus amigos e admiradores a esperam.

– No fim deste mês, devo ir para uma estação de águas. Jamais tirei férias e agora tenho uma boa oportunidade...

Voltarei ainda a São Paulo e depois, Rio...

Quinze, vinte, trinta minutos, fico escutando a fala de uma das mais ilustres personalidades que tive a ventura de conhecer. Cecília Meireles fala e eu escuto. A voz vem de longe, vem de oito horas pelo ônibus do Cometa, uma noite de trem, uma hora de avião, e instantânea pelo fio de telefone.

E eu alegro-me muitíssimo. Porque tem a ressonância e energia das boas horas, a elegância e a pureza de sempre, o encanto e o fascínio que moléstia alguma diluirá. É a voz de Cecília Meireles de sempre, o que me tranquiliza e me põe de bom humor.

– Feliz ano novo, dona Cecília Meireles!

– Feliz ano novo, longe de hospitais e de remédios, longe de dores e seringas de injeção! São os votos de nós todos, do fundo do coração.

6 e 7 de janeiro de 1964.

Prática

Depois de beijar carinhosamente meu rosto que não vê há quinze anos, declara o deputado pela minha terra:
– Você não é prática. Não é nada prática...
É verdade. A pura verdade. Não tenho nada de prática. Tomo táxi quando faz muito calor, tomo táxi quando faz muito frio. Não guardo restos de comida na geladeira, desconheço o aproveitamento de vestidos velhos. Dou-os a quem deles gostou ou a quem precisa mais do que eu.

Nunca pedi emprego a colegas, sejam ministros ou governadores, diretores ou chefes de seção. Pedi saudades, pedi notícias, pedi um fósforo. Para acender o cigarro de outrem.

Jamais comprei em liquidação sapatos, bolsas ou corações. E quando digo sim é sim, quando digo não é não. O que denotar lamentável, adolescente falta de prática.

Não escrevo em beira de papel, jogo fora folhas amassadas. Folhas, só as mortas, e assim mesmo na voz de Jaqueline François.

O troco da água mineral, dou-o ao servente, e o resto da água na garrafa vai para o lixo. Não uso "refil" de batom, só o batom novo e inteiro, todo meu.

Não conto dinheiro no começo do mês, nem vejo dinheiro no fim do mês. Desconheço a especulação no dólar e vou ao cabeleireiro dia sim e dia não. Prática, deputado querido, é algo que vem no protoplasma e o meu está cheio de maracujá. Tem aroma especial, bem temperado, é bom. Mas carece de vitamina. É gostoso. Mas não leva a parte alguma. Nem mata a sede, nem embriaga.

Prática não sou, ó parlamentar representante dos coqueirais da minha terra. Mas sou afetuosa. E devolvo-lhe o beijo que me deu. Na frente do Ministro e do seu imenso automóvel.

12 de janeiro de 1964.

Não faça isso, Brigitte

Dizem, minha querida Brigitte Bardot, que você, apavorada com o calor carioca, desistiu da sua estada estival entre nós. Voltará à Cote d'Azur, à Riviera, a Juan le Pin, a Saint Tropez. Copacabana e o Leblon, Cabo Frio e a Barra da Tijuca sofrerão o subdesenvolvimento praiano de ao verem aquela plástica difundida no mundo inteiro, com a folha da parreira e sem ela. O dólar, quando você aportou a estas plagas chamejantes, subiu. Voou. Atirou-se para o alto, no delírio dos entusiasmados, dos loucos, dos santos visionários. A água, antes tão farta e pura, amareleceu. Os pêssegos, presentes em todas as esquinas deste burgo repleto de mulheres bonitas, sumiram. A cenoura passou a custar duzentos e cinquenta cruzeiros o quilo e o alho entrou na categoria de *champignon*. Isso, quando você pisou as terras de Vera Cruz. Causando tantos e tamanhos cataclismas. Sem saber. E, possivelmente, sem querer convulsionar essa variedade de coisas.

"Mas as cenouras?", perguntará você, fazendo aquele biquinho tão francês, tão Brigitte, tão encantador para quem gosta dele. Sim, as cenouras. *Les carottes*. Francesa mexe com o Brasil inteiro, dos legumes aos corações.

Toda tarde ameaça chover e não chove. Só para Brigitte não molhar os seus pezinhos. Nem levo mais capa nem galocha, enquanto você estiver aqui. Apenas o sol se mostra, para não estragar a paisagem de calendário com que acostumaram você, nas agências de turismo.

– Le Brésil! Oh, le Brésil! C'est beau, hein?

Qui, ma chère, c'est beau, MAS A FAMA...

Por causa dela e só por causa dela, como o samba famoso, você não tem sossego, não pode namorar à beira da Lagoa Rodrigo de Freitas, não pode saborear camarões torrados no Dina Bar, não pode mostrar a si mesma que ainda é menina e sabe andar de mãos dadas aí por Santa Teresa, de lacinho nos cabelos, rosa vermelha na boca.

    Não vá embora assim tão depressa, Brigitte. Afinal de contas, quem mandou você atiçar a fogueira, aparecendo tão paradisíaca nas fitas de cinema? Não contente de ver o que é que a baiana tem, o carioca... Enfim, deixa pra lá. Mas não vá não.

10 de janeiro de 1964.

Sem gás

E para que precisamos nós de gás? Com o gás as pessoas se suicidam, se asfixiam na banheira, deixando poses de Marat e bilhetinhos tipo Madame Bovary. O gás cheira mal, dá tosse e, como na peça de Maria Luiza, velório amigo.

O Rio amanheceu sem gás, mas lindo. Lindo de doer nos olhos acostumados às mesmices da província sem montanhas, sem floresta, sem os tons italianos das águas e das ondas. No céu, nem a suspeita de nuvens, pelas areias, cores vermelhas, azuis, amarelas, verdes, alaranjados, bronzeadas, das peles dos banhistas e das barracas.

– Foram todos à praia...

É verdade. Os homens, porque sendo muitos funcionários públicos, estão em greve. Pelejando pelo décimo terceiro salário. As mulheres – mesmo as funcionárias – porque não há gás. Difícil encontrar um táxi do Leblon ao Posto Quatro.

– Queremos passear...

É justo. Sem gás e sem ponto, todas queremos passear, nem que seja de táxi, espiando de longe os colares flamejantes, dispostos, lindamente nas vitrinas da Av. Copacabana. De pérolas, torcidos, cintilantes, de cristal de sementes da Bahia, de qualquer cor e de qualquer jeito. E os sapatinhos, as sandálias enfeitadas de pedrarias, saltos dourados como os das princesas. Para que gás? Coma-se comida fria, é muito mais saudável. Refogados, nesta época do ano, atrapalha e confunde a digestão.

O dia está lindo, o mundo é azul, segundo Gagarin, amanhã teremos sol e o gás não é tão importante assim.

Maçãs. Que o povo coma maçãs. Alimento que Adão muito apreciou.

17 de janeiro de 1964.

O banhista perneta

Recortando-se contra o arvoredo, contra o céu, contra a fluidez do ar de verão, na curva do Cantagalo, o perneta caminha em direção à praia. Está de calção, mostrando uma perna só. É moreno, barbudo e tranquilo, encostando-se à muleta como se fosse a sua bem-amada, como se lhe dissesse versos, como se lhe entoasse cânticos. Não tem mais de trinta anos, a cabeleira é ligeiramente grisalha e grisalho deveria estar o seu coração.

Mas não está não. Tem dezoito anos o coração do perneta, que, às quatro da tarde e de calção, manqueja na sua perna única em direção a Copacabana. Onde tantos morenos hígidos exibem uma plástica cinematográfica, para deslumbramento das cinematográficas morenas hígidas. Dezoito anos tem o coração do perneta, batendo, alegremente, rumo sabe Deus a que e a quem.

Vai, alegre, pela calçada, batendo toc-toc, sua perna de pau. E, quem sabe, àquela hora cálida, alguma mulher o espera, impaciente, o coração batendo toc-toc também...

Passam carros pelo corte, bicicletas, caminhões. O perneta cruza a rua perigosa indiferente, sem sustos, confiante. Como se tivesse mil pernas. Como se fosse uma centopeia. O calção é grená, deveria servir para levar à praia um homem que vai tomar banho de mar. E de sol. De mar não pode ser, que muleta não foi feita para as ondas de Netuno. Para tomar banho de sol? Numa perna só?

Lá vai ele, toc-toc, na entrada, agora, da rua Miguel Lemos. Acende um cigarro, apruma o peito e sorri para uma garota de biquíni, chapelão amarelo e sorriso *Côte d'Azur*.

23 de janeiro de 1964.

Ari Barroso

E quando vou entrando em Petrópolis, o coração da cidade pulsando num ritmo carnavalesco, o rádio, em altos brados, anuncia tua morte, Ari.

O meu coração começa a doer. Espia os mascarados se saracoteando pelas ruas cheias de foliões. Tiroleses e bruxas, gatinhos e fantasmas, tomam cervejas no D'Angelo, cheiram lança-perfume e cantam, enquanto, para sempre, repousas na Eternidade.

Quando afirmo que repousas: é porque não te findaste, descansas apenas, de uma vida plena de lutas, de afazeres, de sofrimento. E de glórias.

– No rancho fundo, de olhar triste e...

– Maria, o teu nome principia...

– Na baixa do sapateiro, eu encontrei...

– Morena boca de ouro...

– Quem quebrou meu violão de estimação...

Um dia desses conversamos longamente, lembras? Sobre o problema dos direitos autorais. Falaste como um bacharel, um versado em leis, profundo conhecedor do assunto. Quando encerraste teu depoimento, não hesitei. Tomei-te as duas mãos e, devagarzinho, fui dizendo coisas no teu ouvido.

Que eras o próprio Brasil a cantar. Que a beleza das tuas melodias, a originalidade das tuas canções, só se assemelhavam ao som de búzios do mar, ao canto das sereias, ao gemer dos coqueirais. Que os outros eram grandes, mas tu, o maior. Porque eras ARI BARROSO.

Ó mordaz animador do programa de calouros, ó diferente locutor de futebol, ó pianista do cinema mudo, ó mineiro que espalhaste o nome do Brasil, cantando: até para morrer tiveste talento. Morreste no carnaval.

E o Senhor do Bonfim, a quem pedias "arranja outra morena pra mim", não arranjará nunca mais outro ARI BARROSO para nós.

10, 11, 12 e 13 de fevereiro de 1964.

A neta do vovô

Um riso largo na face morena, ela chama o garoto que, descalço, corre atrás do gato.

– Mané Luiz, vamos brincar?

Já brincaram o dia inteiro. Comeram peras verdes, folhinhas do mato, compota de frutas, pão, pétalas de dália. Ele, desgrenhado, louro, a blusa saindo por fora das calças desbotadas. Ela, Maria Pia, nome de princesa, sangue mui ilustre a correr-lhe nas veias, é uma figura de álbum, sem sapatos também.

– Maria Pia, como vai o teu vovô?

Ela ri, exibindo a clareira onde há pouco luziam os dentes, doce gengiva inocente à espera dos novos que virão. Para morder mais peras, mais pão.

– Meu vovô?

– Sim, teu vovô. É meu consertador de geladeiras...

Maria Pia não diz nada. Olha pela janela, espia o quintal. Os pintinhos, o gatão macho que se chama Joana, a bacia cheia de roupa ensaboada, feixes de lenha escondidos debaixo do abacateiro – é a paisagem que seu coraçãozinho adora.

– Mané Luiz, vamos pular?

Pulam. Suam. Caem. Levantam. Tornam a pular. A suar. A rir.

Duas crianças, dois vizinhos, dois cidadãos, dois bons amigos: Maria Pia, filha do escritor e pintor José Paulo Moreira da Fonseca e neta do Ministro Ribeiro da Costa, Presidente do Supremo Tribunal Federal. Mané Luiz, filho de dona Maria, que na serra, cozinha para mim. E de Álvaro Lima, chofer de caminhão, aposentado.

16 de fevereiro de 1964.

Para João Havelange, mulher e filhos:

E hoje, presidente da CBD, o senhor poderá dizer que encheu de felicidade o coração de uma criança. Um garoto, hoje festejando o seu décimo aniversário e para quem o senhor, um ídolo, mandou de presente uma bola de futebol. De COURO mesmo. E uma flâmula. Juntamente com o escudo dourado de bicampeão.

– Mãe, não chore. Não vou ficar paralítico. Um dia eu vou andar! Presidente Havelange, não só ele não ficou paralítico das duas pernas acometidas de pólio; não só ele andou e anda, como o chute que deu na bola que o senhor lhe mandou hoje, daria para Gilmar sair da frente.

– Minha senhora, é preciso estimular a nossa mocidade...

Assim me falou o senhor, quando tentei agradecer o seu cavalheirismo de grande atleta, de grande dirigente, de grande brasileiro.

É verdade. Urge estimular a mocidade nossa com brilhantes exemplos, como é o seu caso.

Meu filhinho, hoje, ganhou mais do que uma bola de futebol. De COURO. Ganhou o universo.

26 de fevereiro de 1964.

João Havelange

Reclamo de João Havelange o fato de ter sido demitido da Viação Cometa, linha de S. Paulo, o meu chofer predileto: Binetti. Ele sorri um sorriso claro, um sorriso bicampeão do mundo. E enumera, metodicamente, com a convicção de um místico, os requisitos que sua empresa exige para um motorista de ônibus.

– E quando estiver em S. Paulo, faço questão de que visite a nossa garage...

Reclamo de João Havelange a atuação horrenda do time que foi à Europa apanhar de quase todo mundo. Ele torna a sorrir, o mesmo sorriso claro, bicampeão.

– Nossos jogadores têm de enfrentar climas frios, sem adiposidades e sem descanso, quase. Além disso...

Seus olhos tranquilos se acendem um pouco, quando lhe conto que entre em Bruxelas no dia da procissão "Sointe Guaule". Falo nas bandeiras, na bela praça quadrada, nas tapeçarias medievais penduradas às janelas. Relembro ainda o momento em que cheguei à Antuérpia, quando ali passava o cortejo, em trajos da época, em honra do pintor Van Dick, com cavalos ajeitados ricamente, paisagens e grandes damas como que egressos dos quadros dos museus.

O presidente da CBD recorda as suas próprias viagens quando, em companhia da sua digníssima esposa, sobrevoava Lisboa. Horríveis as condições atmosféricas, semelhantes às que agora nos acossam, na nossa travessia semimarítima, até Ipanema. Fala sobre Bruges, Grand, Luanda, Lourenço Marques. Fala também sobre o próximo campeonato de futebol, sobre os jogadores, sobre o tricampeonato.

E, quando atravessamos as ruas encharcadas, os transeuntes o cumprimentam.

– Ô Havelange, boa tarde!
– Dr. João, boa tarde!
– Presidente Havelange, boa tarde!

Vedete ele também, trafega na esteira luminosa dos seus êxitos, paredro e cometa que é.

28 de fevereiro de 1964.

Fervura

Depois da última conflagração mundial, a impressão generalizada, em todos os recantos da Terra, era de que os ódios, as animosidades, as sangueiras, tinham chegado ao fim. Jamais repetiriam.

Passados anos, o que vemos hoje? A humanidade mais irritada do que nunca, antipatias cada vez maiores, povos contra povos, raças contra raças, irmãos contra irmãos.

Ora no Congo, ora no Vietnã, ora nos Estados Unidos – país supercivilizado e avesso ao sangue derramado –, ora na Índia, na França, no Oriente Médio... Onde haja homens cheios de fúria homicida, de sede de poder, de ambições e de recalque mal contidos, voltam os tempos que já se imaginava esquecidos.

Aqui mesmo, no Brasil, o que é que ocorre?

Lutas de classes, sindicatos na ordem do dia. Empregados odiando os patrões, colegas contra colegas, grevistas e antigrevistas, patriotas e anti-Brasil.

O que se passa? Será que enlouquecemos todos? Onde se oculta a tradicional amenidade brasileira, a proverbial sentença do vive e deixa viver?

Abre-se um jornal e as notícias são apavoradoras. Lutas a pau e pedra, tiros, cadeiradas, comícios, discursos, terras, povo, antipovo, espoliação e expropriação. Num jargão para nós desconhecido, dir-se-ia que fervemos num caldeirão macbethiano, só faltando mesmo a floresta de Birman caminhar até Dunsinane.

Que fogo põe o caldeirão, outrora brejeiro e pacífico, a caminhar?

Que cozinheiro infernal mexe os condimentos, sopra as brasas, mexe com a colher de pau?

É bom parar em tempo, antes que a fervura suba demais. Chega!

18 de março de 1964.

O padre e o pastor

Agora que se acirram os ânimos e os debates violentos são travados por causa da peça teatral de Rolf Hochhut, *O vigário*, lembro-me de duas criaturas que, no Recife e nos dolorosos idos de 1939, muito gritavam e muito pontificavam dos seus respectivos púlpitos contra Hitler e sua esteira de sangue.

Um chamava-se Jerônimo Gueiros, pastor protestante. Era um homem alto, corpulento, vistoso, de fala e de aspecto imponentes. Assim que principiaram a chegar em nosso burgo ensolarado, tolerante e bem brasileiro, as notícias terríveis do que acontecia aos judeus, o pastor reuniu suas ovelhas à Rua Sete de Setembro e, incessantemente, incansavelmente, numa dor de pai ferido nas profundezas de seu coração, pôs-se a bramir. Citando o Livro dos Livros, o Velho e o Novo Testamento. Juntava gente na calçada para escutar-lhe as palavras de fogo. Que saíam de seus lábios medidas, ponderadas, como convém a um pastor de almas. E eivadas de mágoa e de revolta. Muitas vezes fui ao culto, com meu pai. Dou por isso o meu testemunho emocionado. Padre Feliz Barreto, deputado, muitas vezes Governador de estado interino, dirigia o Ginásio do Recife, onde tanta gente boa se formou. Nomes agora famosos no nosso país fizeram seus estudos naquele colégio excelente sob todos os aspectos, inclusive o da disciplina. Padre Félix não era brincadeira. Era também um homem alto, corpulento, vistoso. De fala e aspecto imponentes. Adorado pelos alunos do Ginásio, muitos dos quais protestantes e judeus. Certo dia, um de meus parentes, de mãe cristã e pai judeu, voltou da aula apavorado. Alguns adolescentes como ele jogaram-lhe pedras e bateram na sua cabeça com um pau. Acompanhado de sua genitora, foi contar o fato a Padre Feliz. Este ouviu tudo calado. Quando o rapazola acabou a história, o Diretor do Ginásio do Recife saiu da sala, voltando logo depois com um cajado enorme.

– Sr. Averbuch, tome este pau. Quebre a cabeça de quem ofender o Sr. na qualidade de judeu. E diga que foi Padre Félix quem mandou.

28 e 29 de março de 1964.

Voz de metal Rosicler

Na tarde quente de domingo o telefone soa. Uma voz muito minha conhecida pergunta, jocosa:

– E como vai esse furacão de flores?

A voz parece tão próxima que me alegra demais.

– Que maravilha! Será que já voltou ao Cosme Velho?

Não. Ainda se encontra em S. Paulo, no Hospital A. C. Camargo.

– E quando voltará ao Rio, para a felicidade de seus amigos, de sua família?

Cecília Meireles me responde que somente na próxima semana tornará à sua casa. Compromissos de escritora ainda a retêm na Pauliceia. Dentro em breve sairá seu livro para crianças, editado pela Girofléc, e, a julgar pelas ilustrações que a ilustradora já lhe mostrou, o volume ficará interessante...

– E o que a Sra. escreveu não tem muita importância não, não é?

Ela ri, faceira.

– Apesar de sua modéstia, o recém-empossado Presidente da Academia Pernambucana de Letras afirma ser a Sra. a maior poetisa do mundo. E repare que o Dr. Delgado é uma fera...

Cecília Meireles ri, ainda.

– A Sra. é terrível...

– Sou sim. Pois a ilustre poetisa me apelidou de furacão...

Convalescente de mais uma operação realizada com êxito há uns quinze dias, sua voz é forte, agradável, firme, tranquila. Conversa com o mesmo timbre de sempre, aquele timbre harmonioso que nos acostumamos a escutar nas conferências sobre problemas literários, sobre viagens, sobre a Pedagogia. A mesma voz bem modulada de sempre, a formosa voz de metal rosicler.

– Feliz Páscoa, D. Cecília Meireles, são os votos do "Registro"!

– E para todos os leitores do Jornal do Comércio e todos os amigos, em geral, os meus sinceros votos também!

31 de março de 1964.

Primeiro de abril

Cai uma chuva fina sobre as cabeças dos homens, das mulheres, das crianças, dos velhos, dos moços, dos ricos, dos pobres, dos afobados e enquanto as notícias se sucedem, num ritmo apavorador. Cada um que passa deixa cair novidades, como bombas.

– Diz que isso...

– Diz que aquilo...

Uns empalidecem, outros não dão a mínima. Seja lá o que Deus quiser!

As grades do maior armazém da Avenida Visconde de Pirajá estão cerradas. Apenas uma porta, entreaberta, permite a passagem do felizardo cuja vez chegou.

Os caixeiros estão zonzos, correm de um lado para outro, tomam notas, deixam cair latas empilhadas com os respectivos preços marcados em pedaços de papelão.

– Agora o Sr. me dê um quilo de macarrão...

– Macarrão acabou.

– Então me dê dez quilos de batata...

– A batata acabou.

– Açúcar, vinte quilos...

– Também não temos mais.

– Veja aí uns litros de álcool...

– Desde nove horas não tinha mais...

– Velas, biscoitos...

– Acabou, acabou tudo.

Acabou tudo, à vista galhofeira dos que já se haviam abastecido paquidermicamente. Carregando pilhas de sacolas de sucos, de caixotes, onde se amontoam gêneros os mais heterogêneos e incombináveis: figos em calda, sabão português, azeitonas recheadas, pó contra pulgas, pregadores de roupa e uísque nacional.

Nas padarias a devastação é total, restando apenas farinha de rosca e geleia de goiaba.

4 de abril de 1964.

Secos e molhados

Depois desse festim de Baltazar em que nos atiramos todas, como egressas de um campo de concentração, a comprar mantimentos, não posso ver gêneros. Alimentícios.

A simples visão de uma lata, seja de goiabada, leite em pó ou de sardinha, causa-me arrepios. Sinto-me engordada, cevada, entumescida, lotada daquilo que não comi. Deus, quanto dinheiro correu pelas mercearias, pelas padarias, amontoando-se nos bolsos de quem, a certa altura, nem queria mais vender, almejava apenas sossego. Portas eram fechadas na cara dos fregueses que, apavorados mais com a fome do que com as balas eventuais, iniciavam sua revoltinha gastronômica.

– Esse café é meu, pedi primeiro!
– Pediu coisa nenhuma, já estou aqui há duas horas!
– O quê? "Seu" Joaquim, é mentira desta dona, cínica!

Assim se passaram as coisas. Veneráveis damas da Zona Sul, habitualmente discretas e elegantes, agora empenhadas na batalha campal por mais dez quilos da rubiácea.

Eu não me comportei melhor do que as demais. Na confeitaria de Ipanema, juntei-me às hordas ululantes das espoliadas.

– Quero comprar! Quinhentos quilos de...
– Acabou.
– Dez arrobas de...
– Não tem mais. Agora só resta farinha de rosca...

Graças a Nosso Senhor, desloco a minha espinha dorsal, carregando o precioso mantimento: farinha de rosca!

– A sra. comprou farinha de rosca? Mas levei ontem o dia moendo pão.

É o que me diz a empregada, mostrando o tonel onde eu gostaria de me afogar.

6 e 7 de abril de 1964.

Mulher no Ministério

Sem querer transformar esse episódio que ainda estamos vivendo num rapto das Sabinas às avessas, lanço aqui a ideia de que um Ministério, no Governo que agora se compõe, seja entregue à direção feminina. O da Educação, por exemplo.

Será exagerado afirmar-se que a vitória agora conquistada pertence às mulheres. Isto não é verdade. As mulheres, como os militares, foram os veementes intérpretes executores daquilo que, na realidade, foi a rebelião da classe média, dia a dia, hora a hora, minuto a minuto, amassada.

No rolo compressor do quotidiano, embora haja muitas advogadas, dentistas, contadoras, médicas, psicólogas, bancárias e outras ilustres e cultas profissionais de nível universitário que aqui deixamos de mencionar, essas mesmas doutoras de todos os diplomas são donas de casa. Acima e antes de tudo, mulheres. Antes de enfrentarem o trabalho lá fora, começaram o trabalho dentro de casa, providenciando para que nada falte ao equilíbrio do lar. E as mulheres, doutoras ou não, conheceram na sua própria pele e na angústia dos seus corações o triturar de seus orçamentos. E, o que é primordial, o triturar de seus ideais.

Um linguajar desconhecido para a maioria se desencadeou sobre as cabeças femininas, e o terror dominou a quase todas. Com a molecagem e o cafajestismo soltos no ar, rotulados de populismo, os filhos deixaram de estudar, os serviçais de obedecer, os serviços básicos de funcionar. Era a greve mais grave, a greve da ordem.

Em nome das mulheres, arautos e combatentes da primeira hora, queremos um Ministério. Se podem pôr suas casas funcionando bem, se temos magníficas diretoras de colégios, ilustre, organizada, culta e responsável, pode e deve assumir o cargo. É só examinar o seu currículo profissional.

O Brasil não é ainda, graças a Deus, um matriarcado. Mas os homens já fracassaram demais.

9 de abril de 1964.

Lágrimas para D. Hélder

Apenas chegado ao Recife, D. Hélder já se movimentou rumo aos mucambos, sucursais ou matrizes das favelas cariocas. Estas, plantadas nos morros, aqueles, atolados na lama.

Deixando por algumas horas o palácio dos Manguinhos, o "padrezinho" foi ver de perto como vivem muitos dos seus irmãos nordestinos, em casebres de paredes feitas a sopapos, os tetos de palha dos coqueirais.

Quantas vezes encontrei D. Hélder, na Av. Ataulfo de Paiva, lá pelas seis horas da manhã! Eu ia à feira, de sacolas vazias. D. Hélder vinha da praia do Pinto, o coração pesado de angústias. Sotaina amarfanhada, rosto empalidecido, o olhar desolado de quem vira muita tristeza, muita aflição. O meu dia apenas principiava, o de D. Hélder não tinha começo nem fim.

E eis que os jornais trazem a notícia de que, ante a visita do prelado, muitos dos meus conterrâneos choraram. Comovidos pelas palavras bondosas de carinho e de conforto moral.

É bom que o resto do Brasil conheça o quadro verdadeiro das populações miseráveis da minha cidade. É bom que o Brasil inteiro saiba que no Recife não tem somente agitadores e agitados. Existe uma larga faixa humana dos humilhados, dos famintos, dos abandonados, dos sem-profissão e que, nem por isso, perdem a condição humana, dentro do mais alto sentido da criação: choram, sentem-se tocados até às lágrimas, quando se lhes dá ternura e comiseração.

Não apenas os meus patrícios dos mucambos choraram com o vulto infinitamente doce de D. Hélder. Choro eu também.

Mas eu choro de alegria, pois tenho a certeza absoluta de que D. Hélder compreenderá a atitude do Santo Papa Paulo VI quando o designou para a capital pernambucana. Foi mandado à Mauriceia para salvá-la.

E ele a salvará. Pois nem é mais D. Hélder Câmara, e sim S. Hélder Câmara.

17 de abril de 1964.

Aniversário de Manuel Bandeira

Setenta e oito anos completará agora o poeta Manuel Bandeira e é justo que grandes homenagens lhe sejam prestadas. Não só pelos seus admiradores pernambucanos, mas por todos os que leem e amam tudo aquilo que traz a sua marca ilustre.

Surgido, embora, quando as escolas parnasiana e simbolista se encontravam no auge, deixando-se mesmo influenciar por ambas, em *Cinza das horas* e em alguns poemas do *Carnavais*, nem por isso vinculou-se a essas correntes poéticas. No *Ritmo dissoluto* incorpora-se ao movimento modernista brasileiro, do qual é uma das maiores estrelas. E, na *Estrela da manhã*, *Libertinagem*, *Lira dos cinquent'anos*, *Belo belo* e *Estrela da tarde*, firma-se dentro de sua feição própria, como um dos maiores líricos da nossa língua.

Ao pernambucano que tanta glória tem trazido à nossa província devemos também traduções de famosos poemas estrangeiros, nos seus *Poemas traduzidos*, onde captou, com tanta graça, a emoção de Elizabeth Barret Browning e outros.

Mestre no versejar, a prosa não lhe oferece maiores mistérios. *Crônicas da Província do Brasil*, *Itinerário de Pasárgada*, *Guia de Ouro Preto*, além das crônicas escritas para jornal e para o rádio, dão a mostra da versatilidade desse que é hoje uma das maiores personalidades literárias do Brasil. Figura obrigatória de todas as antologias nacionais, é de uma modéstia, de uma delicadeza, de um trato tão doce, tão afável, que nos enche sempre e cada vez mais de incontida admiração.

Ao conterrâneo mui ilustre, ao bardo que cantou "a fina e doce ferida" de nós todos, ao septuagenário adolescente, os meus mais carinhosos parabéns.

23 de abril de 1964.

Brigitte volta a seus pagos

Os jornais acabam de noticiar o regresso de Brigitte Bardot a seu país de origem, destacando o número do voo (26) do avião, a hora exata (23hs20ms), o carro que a levou ao meio da pista (Volkswagen) e o traje usado pela viajante para a ocasião: saia cinza mescla e um lenço cobrindo seus cabelos.

"Brigitte volta escondida!", foi um dos títulos dolorosos. O embarque de Brigitte foi sigiloso! Apenas três funcionários da Panair sabiam que ela ia viajar! E daí? Que tristeza é essa? Quem é dona Brigitte Bardot para nós e o que significa ela para a cultura francesa ou para qualquer cultura?

Os jornais e as revistas brasileiras têm sido de uma generosidade alarmante, dando cobertura a personagens que seriam insignificantes se não fossem tão escandalosos. É ainda o traço do generoso coração do nosso povo, estático diante de qualquer nome estrangeiro barulhento e criador de casos.

Brigitte Bardot jamais foi artista de outra coisa do que de seu corpo nu, exibido a toda hora aos olhos de quem se dispusesse a vê-lo. Sem talento, sem "finesse", sem moral e sem higiene mesmo, desgrenhada e estremunhada, não faz parte da galeria ilustre de artistas franceses que encheram, enchem e encherão o mundo com o seu encanto. Michele Morgan, Danielle Darrieux, René Faure, Simone Simon, são tantas que confundem a memória. Maduras umas, quase adolescentes outras, têm talento dramático, presença e, sobretudo, cursos especializados e testes, concursos, provas perante comissões de artistas, escritores, diretores, professores.

Dona Brigitte, noiva de vários meninotes inconsequentes, veio ao Brasil, encafuou-se num apartamento, recusou-se a receber a imprensa e veraneou pelas praias do Estado do Rio depois de muito rebuliço e confusões.

Que vá de vez! E arrume outras credenciais mais nobres e mais altas.

29 de abril de 1964.

Um homem feliz

Entro no táxi e dou a direção ao motorista.

– O amigo sabe onde é?

Ele sorri. Amigo mesmo.

– Sei. E estou aqui para servir os passageiros.

Eu, hein? Nesta chuvosa tarde mormacenta. Devo estar sonhando.

– Trá-lá-lá...

É o cinesíforo. Canta alegremente. Enquanto ônibus, outros táxis, pedestres, carrocinhas de mate, de sorvete, de doce de leite, tijolinhos de banana e baianas que vendem maçã ácida se atravancam pelos nossos caminhos. Em plena Avenida Rio Branco.

– Trá-lá-lá...

Ponho os óculos. Para enxergar melhor. Não há dúvida, é ele.

– O amigo é animado. Sente-se feliz hoje?

– Eu, minha senhora, sou feliz sempre!

– Meus parabéns! Já nasceu assim?

– Não senhora! Tenho até pena da minha mulher quando me recordo o patife de marido que fui. Viciado, namorador, praticante de tudo quanto é jogo de azar. Enfim, uma desgraça! Mas agora sou outra pessoa, não me amofino mais, não pretendo nada mais do que mereço.

– Desde quando data esse seu estado de felicidade aguda?

Seu rosto se intumesce e o sotaque mais lusitano se torna.

– Desde que passei a entender este livro aqui: a Bíblia. O Velho e o Novo Testamento. Os homens buscam os bens da terra e nunca meditam no espírito. Já imaginou, minha senhora, o que significa a danação da alma?

— Bem, há uns escritores que se ocuparam, na literatura, desse assunto. Vi, certa vez, um filme...

O carro dá uma freada. O homem feliz volta-se para mim, rubro:

— Não me fale em cinema! Não vou mais a futebol, à praia, a parte alguma, são pecados da carne. Fui chofer de uma senhora, riquíssima, mas uma desgraçada, uma infeliz. Vivia a se cansar em cabeleireiros, manicuras, calistas, chãs, costureiras, o diabo! Até que um dia eu disse-lhe assim: "Minha senhora, ponha paz à sua alma e deixe de arreliar os outros..."

— E ela, pôs?

— Ah, isto eu não sei. Só sei que tenho paz na minha...

16 de maio de 1964.

Nelson Pereira dos Santos

Saúdo hoje com muita alegria este rapaz que tantas láureas tem trazido para o cinema nacional: Nelson Pereira dos Santos. *Vidas secas*, baseado no romance de Graciliano Ramos, já obteve até agora três prêmios, como a melhor película para a juventude, o melhor filme de arte e ensaio e o melhor filme, segundo o Instituto Católico de Indústria Cinematográfica, para o progresso e desenvolvimento espiritual dos valores humanos. Sempre foi um bom menino o Nelson Pereira dos Santos! Conheci-o em Paris nos idos de 1949, quando ambos éramos estudantes, e eu nem me lembro mais de que é ele um entusiasta das artes cinematográficas. Modesto, simples, era e certamente ainda o é de uma generosidade bem brasileira: recordo-me da lata de goiabada que recebeu do Brasil e que se apressou a distribuir entre os bolsistas verde e amarelos. Dá saudade.

Muito discreto e boníssimo, teve de regressar às pressas para casa: seu pai estava passando muito mal e a família precisava da presença de Nelson. Como nos entristecemos todos! O rapaz murchou, ficou apático, arrasado ante as dolorosas novas e, de condição subdesenvolvida, certamente não voltaria a Paris para estudar cinema nunca mais.

A partir de *Rio, quarenta graus* estava patenteado o talento, demonstrada a devoção de Nelson pelo cinema nacional.

Desta coluna, envio ao companheiro que me proporcionou tanta goiabada e tantos momentos de boa palestra na rua Cujas, no hotel de madame Salvage, os meus comovidos parabéns.

17 de maio de 1964.

De forno e fogão

Nem só de pão vive o homem, já o sabemos todos nós. Por isso experimento, neste São Paulo chuvoso, a perícia do mestre-cuca Imre Baezi, especialista em petiscos húngaros.

Para gáudio dos curiosos, transcrevo qual o cardápio, exatamente como foi mostrado aos fregueses da CASA HÚNGARA, num almoço onde muito se comeu.

CASA – HÚNGARA – CARDÁPIO

SOPA DE COVIFROR

ASSADO DI VACAS CON LEGUMES

GULAS DE VITELLA

VITELLA ASSADO COM GARNECONG

FÍGADO ASSADO COM CEBOLADO

VITELLA ASSADO COM CUQUEMEILO

SOBRAMEISA

DOSIDI MAÇO

Este o sortimento do dia. Porém, para os mais requintados, é possível uma escolha.

ALACARTA

CSIRKR PAPRIKAS

VITELLA AMILANEIZA

SOPA DE COVIFROR

PRASUNTO CONRA IS FORTA

SALSISA CONRA IS FORTA

TORTA DE SOKOLATE

COMPOTA DE PESSIGOS

Para esclarecimento dos esfomeados, devo dizer que onde se lê "CUQUEMEILO", leia-se COGUMELO. CONRA IS FORTA está na cara.

18 de junho de 1964.

Os três tentos de Vavá

Por isso, Vavá, meu conterrâneo, que o dia de hoje amanheceu tão bonito, de um azul parecido com o do nosso céu pernambucano. Misturado a outras nuvens que se embolam feito carneirinhos de lanugem meio cinza, quase suja. Não sei se você tem boa memória como tem bom chute, mas espiar o firmamento, à beira do Capibaribe, as folhas soltas das "castanholas" caindo sobre as águas, sobre a nossa cabeça "plaft!", é algo que vale a pena recordar. Carioca tem lindas montanhas, lindas florestas, lindas ilhas e lindas mulheres, mas não tem o céu que nem o do Recife. São Paulo, diz o samba, tem café. Minas dá leite – mas o céu azul é nosso, como a Taça das Nações será nossa, se Deus quiser e você ajudar, Vavá.

Saboreando um doce de jaca de amargar, de fabricação de uma indústria também lá da terrinha, procuro nos jornais a explicação para este fenômeno de felicidade que me inunda, sem motivo quase.

– Que dia lindo!

– Quanta água no chuveiro!

– Minha carteira assinada!

É quando a foto na primeira página do vespertino faz meu coração serenar. Quando palpitava na angústia vã e contemporânea da raça humana, indagando o "porquê" das coisas.

Encontrei, Vavá, o "porquê". O *"because"*. O *"parce que"*. Porque você foi a sensação da partida de ontem, em Álvaro Chaves, demonstrando o artilheiro que é, sempre foi e sempre será: os três tentos da vitória do time dos titulares contra os suplentes foram seus. Foram nossos. Foram meus.

Vavá, esqueça a Espanha, esqueça o Rio, esqueça o mundo. Lembre-se do Leão do Norte. Marrete bem os arcos adversários com seus gols infernais.

E eu fabricarei para você, não digo doce de jaca especial como este de agora, mas uma outra balada. Melhor e, perdoe o trocadilho atroz, mais bem bolada.

19 de maio de 1964.

Paulo VI e os judeus

Prosseguindo na santa missão do santíssimo Papa João XXIII, acaba o Papa Paulo VI de dar mais uma inequívoca demonstração do que pensa o Vaticano em relação aos judeus.

"Repetimos de nossa parte os votos formulados em várias ocasiões por nossos venerados antecessores, isto é, que esta questão não constitui para vós, nem para nenhum grupo étnico, uma causa de menoscabo dos direitos humanos que toda civilização digna desse nome não pode deixar de reconhecer". Estas palavras foram dirigidas aos judeus do mundo inteiro, durante a audiência concedida a Morris B. Abraham, presidente da Comissão Israelita dos Estados Unidos, que estava acompanhado de outras pessoas da mesma organização. Depois de verberar, veementemente, as atrocidades cometidas contra os judeus e de destacar o trabalho desempenhado pelos mesmos, segundo as expressões do Sumo Pontífice, "na salvaguarda da liberdade religiosa e cultural dos povos de todo o orbe", referindo-se à religião mosaica, salientou: "Ela nos interessa ainda mais e oferece, também, as razões da nossa consideração particular pela tradição religiosa hebraica, à qual se acha ligado o cristianismo, para deduzir motivos de esperar por relações leais e por um futuro feliz. Por isso, deplorando uma vez mais os horríveis vexames de que os judeus foram vítimas estes últimos anos, desejamo-vos toda sorte de bens do Altíssimo".

Está fixada a posição do Vaticano. Desde o Concílio Ecumênico, para o qual os judeus foram convidados, não há mais dúvidas a respeito. Outra calamidade, como a desencadeada pelo nazismo, não se processará às vistas de um mundo atônito, assustado e, muitas vezes, omisso.

Foi bem claro o Papa Paulo VI, no mesmo encontro com os dirigentes da Comissão Israelita norte-americana, sobre o aspecto político do tema: "Não nos cabe pronunciarmo-nos sobre o particular máximo no presente momento, em que pese a que desejamos que ele seja resolvido de modo equitativo e pacífico, tanto para as populações que sofreram tantas provas, como pelos interesses que a Igreja Católica e as demais religiões cristãs podem ter na questão".

3 de junho de 1964.

O satânico Ian Fleming

É tão original esse novo escritor inglês de aventuras policiais e de espionagem de alto coturno, que o cinema teve de aproveitá-lo. E vê-lo de forma excelente, conforme vimos em *O satânico Dr. No*, onde o agente secreto 007, James Bond, personificado pelo ator Sean Connery, até então desconhecido, conseguiu destruir os inimigos e amar as mulheres todas da película.

Diferente de Conan Doyle, sem ter-lhe a cultura e curiosidade pelo Além, mais interessante do que Earle Stanley Gardner e menos sutil do que Aghata Christie e seus mistérios profundos, Ian Fleming tem um estilo capitoso, vivaz, chegando a ser poético, às vezes, na descrição de ambientes e acontecimentos que seriam pueris se não sentíssemos a premeditação brincalhona do autor.

For your eyes only, por exemplo, é uma série de histórias agitadas, onde espiões russos se escondem em floresta perto de Versalhes, agitando meia França e o serviço secreto norte-americano, depois, James Bond é enviado para o Canadá, a fim de dar caça aos bandidos a serviço de Fidel Castro e que mataram o casal Havelock. Pintado da cor de índio e de olhos azuis, o agente secreto fica horas dependurado numa árvore, arma em punho, quando aparece uma jovem, de arco e flecha, também disposta a matar os *gangsters* internacionais. É a filha dos Havelocks trucidados, numa operação-vingança... Com a qual, evidentemente, Bond inicia um caso sentimental.

From Russia with love já está se tornando um sucesso no cinema, ainda com o mesmo Sean Connery, por sinal, figura bastante aprazível ao olhar. Trabalhar mesmo, isto ele não sabe. Também, não precisa. Basta desfilar as suas roupas ou a si mesmo e vencer. Pula daqui, derruba dali, dá uns tiros com pistola silenciosa, descobre impressões digitais Deus sabe como e onde. Mas é invencível, o tal. Escreve muito bem o jornalista Ian Fleming, editor da seção de Política Exterior de um grande jornal londrino. Vale a pena lê-lo.

25 de junho de 1964.

Os cinquenta anos da CBD

Por entre galas e alegrias, o Brasil está comemorando o meio século de existência da Confederação Brasileira de Desportos, entidade que tanto júbilo nos tem proporcionado.

Entre os dezoito esportes que dirige, destacamos aqui, a título de curiosidade, alguns dos que têm trazido para o pendão verde e amarelo, galardão de que tanto nos orgulhamos: futebol, atletismo, natação, saltos ornamentais, polo aquático, remo, ginástica, halterofilismo, ciclismo, tênis de mesa malha, beisebol, hóquei sobre patins.

Esta coluna se associa aos festejos e às homenagens justíssimas que todos devemos à CBD e mui principalmente ao seu presidente João Havelange, protótipo do atleta, do cavalheiro, do dirigente, do patriota, do *"mens sana in corpore sano"*.

Associa-se às homenagens e aos festejos, porque está ao par do que esse homem extraordinário tem feito pelo desporto nacional, nos seis em que se encontra à frente da entidade máxima do esporte nosso. O Bicampeonato Mundial de Futebol; o Campeonato Pan-Americano de Futebol; o Campeonato Pan-Americano de Polo Aquático são alguns eventos que o coração guardará sempre, com carinho e, principalmente, com respeito. Pelo trabalho realizado em benefício dos nossos atletas e dos desportos nossos, João Havelange foi escolhido para membro do Comitê Olímpico Internacional, honraria imensa e que, ciosamente, a conservamos. Eleito pelos componentes do referido Comitê, é uma figura internacionalmente conhecida e levada a sério.

Aliás, uma das coisas que mais assombram os estrangeiros, tanto os que nos visitam como os que pelas nossas equipes desportivas são visitadas, é a estrutura delineada e mantida pela CBD, assessorando os nossos jogadores. Para que o ente do selecionado brasileiro se apresente em campo, existe uma Comissão Técnica composta de um supervisor, um técnico, um preparador físico, um médico e um assistente. Além do psicólogo, do dentista, do massagista, do calista, do roupeiro, do laboratorista. Toda uma engrenagem de especialidades por trás dos malabarismos de Pelé, de Gilmar, de Carlos Alberto.

Parabéns à CBD! Parabéns a João Havelange!

11 de junho de 1964.

Perfeição

Tem gente que faz tudo perfeito. Quando é homem, ganha uma fortuna, só assina o ponto, nunca se aborrece com secretárias. O carro, jamais teve enguiço. Funciona à perfeição, com gasolina azul, branca, até sem gasolina. Oficina, o carro não dá nunca, sobe serra, desce serra, é uma beleza!

E o alfaiate, que alfaiate! Barato, não falha nunca, nem nos dias de provar roupa. Tecidos dele são os melhores, importados, quase todos italianos ou ingleses. Os modelos extremamente atualizados, a boca das calças sempre do tamanho como ordena o figurino.

A saúde perfeita, o enfarte e a úlcera, isto fica para os outros, ou trouxas. Quanto às mulheres... São bárbaros! É só estirar a mão.

No setor da perfeição, quando atinge as mulheres, aí é um Deus nos acuda. Nunca estão sem empregadas: a cozinheira é de matar Mirthes Paranhos e o Barão Stuckart de inveja. A lavadeira, bem, a lavadeira já foi até convidada pelo Embaixador da... bem, sejamos discretos.

Mulher perfeita acorda quando quer, os vizinhos não fazem barulho, as crianças tomam café sozinhas, o maridinho sai do quarto na ponta dos pés, não telefona seiscentas vezes por dia para recomendar sobre o tintureiro, o rosbife, o botão da camisa etc. etc.

As amigas são devotadíssimas, o cabeleireiro não falha jamais, a costureira é a maior. E não cobra caro.

A massagista não falta e a sogra é o máximo.

9 de julho de 1964.

O monoquíni

Até na aula de psicologia motivacional o monoquíni é tema de debates.
– Qual a motivação do industrial fabricando o monoquíni?
E o professor dá uma aula que ultrapassa a sua hora regulamentar e os alunos perguntadores perguntam ainda mais. O professor cita Platão, Anaxágoras, Zenon e Stanislaw Ponte-Preta.
E minha cozinheira deu a explicação necessária:
– É uma pouca-vergonha!
Dos pré-socráticos aos socráticos propriamente ditos, a verdade é brilhantemente óbvia:
– É uma pouca-vergonha!
Recordo-me, na rua do Geriquiti, quando meu irmão tinha dois anos, minha mãe mandou Massu fazer uma sunga para ele. O que é sunga? Uma calcinha, curtinha, com elástico na boca das pernas. E duas alças para as calças do menino não caírem. A sunguinha era muito bonitinha: azul-escuro, com sutache dando a volta das alças. Meu irmão esperneou, berrando que aquilo era "roupa de mulher". Massu deu as maiores gargalhadas do mundo, "que mulher não usa sunga de crianças".
"Sunga de criança", eis aí, bem definido, o famoso monoquíni, que até loja da classe de... bem, deixamos o nome da mesma para outro dia.
Na Escandinávia, nos Estados Unidos, na França, em Mossoró, em Bodocó, em Floresta do Navio e em Lagoa dos Gatos, fala-se, comenta-se, ulula-se acerca do monoquíni, que muita gente já deve estar antegozando, de binóculo.
– É uma pouca-vergonha! Mas muito pouca mesmo!
Assim falou minha Zaratrusta, frigideira em punho.

Não creio que seja despeito.

É mais uma questão de respeito.

Não ficaria mal citar aqui o "manto diáfano" que a fantasia de Eça de Queiroz espalhou por aí, cobrindo "a nudez forte da verdade". O que o grande escritor sabia, como sabemos todos, que o que é demasiadamente oferecido...

17 de julho de 1964.

Cada quar no seu cada quar

Esta, meu amigo e conterrâneo Rosa, é só para você. Resolvi dar-lhe um presente de aniversário, quando estou às vésperas do meu. Adoro fazer anos e, como se diz na nossa terra, até parece que "não me enxergo".

Pode ser que eu não me enxergue como deva, mas você me enxerga, através dos anos que passaram, como eu era, nas folhas do *Jornal do Commercio do Recife*, e me evoca, numa precisão e ternura tais, que me comovem. Chega mesmo a tomar um número do matutino e a me conduzir, pelas páginas de agora, à minha coluna de outrora.

"Você escrevia assim, você comentava assim, você sorria assim... Lembro-me de seu estilo assim, de seus artigos assim"...

É de amargar, Rosa amigo, quase vinte se passaram, até eu mesma já esqueci como era, vem você a me recordar. E torno a ficar jovem, magra, solteira e bacharel. De faiscante anelão de rubi, mostrando a toda gente que passei nos exames de Civil e Constitucional. Vejo-me jovem, magra, solteira e bacharel, debruçada à balaustrada do Capibaribe, velha aluna do Ginásio Pernambucano, espiando a maré do rio passar. As folhas das "castanholas" caem nos cabelos castanhos e à minha volta move-se um bando de gente conhecida e brincalhona. Boa Viagem doura a minha pele de dia. O luar, quando aparece, faz-me romântica e quase silfídica, no Recife que você veio evocar no meu coração.

É toda sua esta saudade. E nela pus o ditado que nossa colega Zilka enxergou num caminhão das nossas plagas, atilado profeta a dizer certo: "cada quar no seu lugar".

18 de julho de 1964.

No restaurante lá de cima

Entro cansada, raivosa e faminta. Detesto rosbife, e Dina hoje resolveu revoltar minhas entranhas.

– Você não sabe que detesto carne crua?

– Ai é? Eu pensei que a Sra. gostava...

Nem gostava, nem gosto, nem gostei. Portanto, faminta, raivosa e cansada, por um palpite de Floracy e Natalino, meus amigos da Caixa, entro no restaurante lá de cima e peço café com leite. Odeio café com leite, mas hoje está tudo tão cinzento, que café com leite é o pedido do dia. O garçom, bigodinho de Adolphe Menjou e cara de nortista, some para atender meu louco desejo.

Ninguém no salão limpíssimo. Ao longe, apenas as vozes das moças que trabalham na cozinha. As mesas coloridas exibem sua solidão e seu asseio enorme. Pelas janelas, o casario do morro da Conceição, multicolor e provinciano, como garapa de cana caiana e beiju assado nas brasas. Cai um sossego sobre esta alma fatigada e ressequida, como cai a chuva na calçada.

O garçom demora um pouco e a quietude chega a zumbir nos meus ouvidos plenos de freagem rude dos elétricos e do martelar com que o vizinho há três meses brinda o nosso edifício. Demora o garçom e eu descanso, espiando a cinzentice que se abate sobre nós.

Lá vem ele, sanduíche de presunto e bules fumaçando na friagem.

– Troque este pão, a manteiga está horrenda...

Ele troca o pão, sorri, diz qualquer coisa. Mostro-lhe a carteira do jornal, ele acha ótimo. Aos poucos vou achando bom também e, ao pagar a ridícula quantia, sorrio. Depois de tomar café com leite, mixórdia que odeio.

Estava bom o café, estava bom o leite, estava bom o sanduíche. Estava bom o restaurante lá de cima, tão limpinho, tão quieto, tão igual à minha casa do Recife, onde fui sinhá.

21 de julho de 1964.

O Sol

A noite já vem chegando e eu ainda ponho-me a louvar o Sol, o benditíssimo astro-rei tão mal definido e mal-amado. Ponho-me a cantar louvores, a fazer baladas, a entoar odes por esse que brilha no firmamento e em tantas canções que trazem à rima o arrebol e o girassol.

Porque já chega de tanta friagem, de tanta lã, de tanta roupa escura e alma ensombrecida! Chega de tremelicar na rua, no ônibus, no cinema, no claro e no obscuro recinto das nossas almas, subitamente tornadas meditativas.

Viva o sol! Viva a praia, viva o mar, viva até mesmo a serra, com seus passarinhos agora voando e cantando no meu terraço, enquanto esquento os enregelados ossos diante da pedreira de onde escorre um fio d'água.

As pessoas parece que se alegraram de repente. Parece que esqueceram os preços do dia, subindo mais do que o prestígio do pobre Sean Connery, que acaba de perder seu criador.

Se eu pudesse, sairia a cantar os fracos raios que agora me sobem à cabeça, depois de entrarem pela vidraça empoeirada do escritório onde tanto tremi de frio neste inverno.

Se eu pudesse e Fontenelle deixasse, poria um bando de moças bonitas na capota dos coletivos, sobre todos os automóveis, esvaziados ou não, a jogar beijinhos para a humanidade que passa, friorenta e raivosa.

Elas fariam trejeito de alegria, meneios altamente graciosos, enquanto, lá em cima, um sol brando, douraria a tez de nós todas, já embranquecida e empoeirada de tanto usar suéter.

16 de agosto de 1964.

Arco-íris na cabeça

A minha, fervilhava de assuntos, quando entrei naquela rua cheia de *boutiques* de fazerem perder a cabeça. Foi quando meu coração se alegrou assim de estalo, profundamente.

– Minhas amigas, usem o produto X e seus cabelos...

Até parece que a mocinha do anúncio falava só para mim. Para meus cabelos que já foram castanhos, fagueiros e esvoaçantes. Torno a espiar a mostra, as mechas coloridas se entreabrindo como pétalas de alguma flor extraordinária, nascidas em campos do oriente, banhadas por orvalhos raros e misteriosos. Por trás da vidraça, a moça do reclame sorri para meus cabelos. E eu espio os dela, invejosa. E sigo adiante, a suspirar.

Pelas calçadas, começo a reparar as cabeleiras das outras, espicaçada pelo que o anúncio me informara.

E constato, é bem verdade, alegríssima, que não temos mais problemas com a nossa cabeça – do lado de fora.

Ruivas, morenas, loiras, castanhas, de negras cabeleiras "de azeviche", como nos folhetins, tudo isto é fácil hoje, sem precisarmos arrancar os cabelos.

"Cores venezianas", dizem os letreiros, e eu me transporto logo à Renascença, as delicadas senhoras exibindo suas graças por obra e arte dos mestres até hoje inigualados.

Eu mesma viro Condessa, Princesa, veneziana, frágil e dourada. Afinal de contas, não é tão difícil assim.

É só entrar na farmácia, numa perfumaria, escolher a nuance mais conveniente, o matiz mais adequado, misturar a estranha concocção num vasilhame... e eis-me Simonetta Vespucci, tal qual a debuxou o grande Cosimo.

Queridas amigas, Marivaux foi muito maldoso quando disse que nós nos enfeitamos não para agradar aos homens, e sim contra as outras mulheres.

Foi muita maldade mesmo.

Devemos manter nossas cabeças erguidas, flamantes variadas, para que eles percam as deles. Juntamente com os cabelos.

20 de agosto de 1964.

Cartas caríssimas

Umas nos são caras mesmo. Como as de Madame de Sevigné e de Sóror Mariana do Alcoforado. Caras ao nosso coração, desde que as lemos, ou melhor, recebemos pela primeira vez.

Outras, como as de agora, nem merecem mais ser escritas. Subiu tanto o preço do seu porte, que é melhor telefonar. Ou telegrafar. Lembro-me das lindas cartas que eu escrevia, debaixo da pitangueira, na avenida Portugal, o quintal dando para o rio Capibaribe, de vez em quando entulhado de "baronesas" pouco nobres e muito feias. Debaixo das pitangueiras, *sub tegmine fagi*, como queria o poeta, eu redigia cartas para um destinatário ilusório, e muitas delas para mim.

Como eu escrevia bem! Não fazia a lição de latim, esquecia a de matemática e fugia aos diagramas com que Dr. Eládio Ramos radiografava Camões.

A entrega era barata. A mão direita, aquela na qual havia uma roseira, passava a missiva para a esquerda. A do coração. E a mudança de endereço, o desvio de correspondência, roubo de selos, lá isso era coisa que não entrava no assunto.

Só faltava mesmo era a caneta com bico de pena, como nos romances de Dickens. Um bico de pena que desse um cursivo bárbaro, imponente e, sobretudo, legível.

Hoje, as cartas são assunto esquecido. Morto. Enterrado. Como as ilusões. Como os anos que se foram.

O que não faz mal algum.

Esse aumento nas tarifas postais, junto ou não, corta o lirismo até de um Pascal e suas *Cartas Provinciais*.

4 de setembro de 1964.

Guiomar Novaes

As notas embaladoras do concerto nº 2 de Chopin, trazidas por Guiomar Novaes na noite em que comemora suas bodas de ouro com a arte, espantam e comovem.

Somente uma intérprete da sua categoria pode extrair aquela sonoridade, num *touché* todo especial e que torna a nossa maior pianista a pianista maior do mundo.

Romanticamente, os movimentos se sucedem, límpidos, fluentes, enxutos, no fraseado genuíno do mestre polonês e admiravelmente compreendido e interpretado pela artista intocada pelo tempo.

E, quando, após cinco minutos de aplausos delirantes, Guiomar Novaes executa as *Variações sobre o Hino Nacional Brasileiro*, de Gottschalk, fá-lo como um brado d'alma. Conheço bastante os sentimentos patrióticos da ilustre patrícia para saber que o amor ao Brasil é seu galhardete, sua bandeira, seu *panache*. Ama a pátria como ama a música – o que é o bastante.

A plateia devolve à pianista o que a pianista oferece à plateia, numa bandeja de prata. Verdadeira ovação, onde vozes de homens e de mulheres, de moços e de velhos, de brasileiros e de estrangeiros, gritam "bravo, bravo, Guiomar Novaes!"

Depois, a condecoração que o governo Carlos Lacerda, por ela tão admirado, envia, por intermédio do Sr. Lorenzo Fernandes, com palavras de respeito e afeto.

Quando o público a saúda outra vez, muito calorosamente, revejo a pianista em sua casa paulistana, o luar caindo sobre as árvores plantadas pelo seu amado esposo, Dr. Otávio Pinto. Uma a uma, ela me mostra, meigamente, depois de ter tocado só para mim, durante um tempo que entrou na minha vida para sempre.

À saída, manifesto minha inquietação por deixá-la tão só naquele casarão.

– "Eu não estou só minha filha. Estou com Deus".

Guiomar Novaes está com Deus. Sempre. Pois é uma de suas ovelhas diletas.

6 de setembro de 1964.

Meu querido Álvaro Moreyra

Soube agora, de forma inesperada, que o meu querido Alvinho não está mais entre nós. Não digo que faleceu porque seria uma clamorosa mentira. Além de uma dor imensa.

Álvaro Moreyra sempre foi uma pessoa fora do comum... Sua obra literária é toda marcada por características especiais de personalidade, graça, cultura, talento e aquela pitada mágica da sua criação. O que inventou no decurso de sua vida, sua movimentada vida, o que descreveu ao longo desses dias que já se tornaram históricos, o que disse em prosa e em verso, em crônicas, em teatro, em revistas, no Brasil e no estrangeiro, é inconfundível. Sua conversa era igualmente notável. Vi-o sendo beijado, no dia em que foi eleito para a Academia Brasileira de Letras, por homens e mulheres.

Contemplo agora a sua letra no verso de uma história de fada que meu filhinho escreveu para ele ver: *Pedro e o caçador*. A resposta de Álvaro Moreyra foi a seguinte e a transcrevo:

"Carlinhos, guarde bem essa história com os meus dois fins. Hoje é o fim do dia 25 de junho de 1961. Espero estar junto de você no começo do dia 25 de junho de 1971: para contar, no prefácio do seu livro de contos, que tive a alegria de sentir, dez anos antes, o nascimento de um grande escritor do Brasil. – Álvaro Moreyra."

Alvinho não poderá assinar, no dia 25 de junho de 1971, o prefácio do livro de conto escrito pelo meu filho. Mas lá estará presente da primeira à última página.

13 de setembro de 1964.

Despejo no fim da vida

Não estou interessada em polêmicas, mas a foto sob legenda acima, que um vespertino da Guanabara põe ante meus olhos horrorizados, é algo de clamoroso. Diz a notícia que 18 velhinhas e 4 irmãs de caridade estão despejadas do Asilo São Miguel, na rua do Catete, esquina de Barão do Flamengo. E a fotografia, que me deixou apavorada, é da D. Carolina Pacheco, com 90 anos de idade. É possível que o dono do prédio ou os donos do prédio tenham razão em querer se livrar dessas inquilinas. A desvalorização da moeda, a conjuntura econômica atual, a alta do dólar, todo o jargão dos economistas deve estar sendo posto a serviço de uma causa, possivelmente justa, dentro do Direito e dos direitos líquidos e certos.

Mas alguma coisa dentro de mim se revolta. Vejo-me velhinha, desamparada, atônita, um pé na cova, outro na rua, sem dinheiro e sem parentes, despejada pelos meus próprios irmãos, na minha própria Pátria. Sem estar em guerra com ninguém, vejo-me na pele de D. Carolina Pacheco, aterrorizada como se diante de tanques e obuses inimigos.

Senhores, senhoras, façamos alguma coisa. Não é admissível que numa Guanabara tão generosa, tão rica, tão imbuída do sentimento de amor ao próximo, um grupo de infelizes vá para o meio da rua como ratos fugindo de uma nau que afunda.

O despejo, por si só, já é um horror. Da velhice, nem é bom falar. E da velhice despejada, senhores, senhoras, meus irmãos, que faremos nós?

O Senhor vai nos pedir contas disso mais tarde.

18 de setembro de 1964.

Do Cometa

Cintilante, como sempre, o ônibus da Viação Cometa me espera para levar esta carcaça fatigada à capitania que prosperou. Dezenas de viajantes se entrecruzam na estação rodoviária Mariano Procópio, malas, sacolas, embrulhos, capotes e mãos cheias de pequenos objetos compondo a paisagem a que o carioca já se habituou.

É linda a manhã, toda azul, morna e oferecendo-se para ser contemplada com um cartão postal. Até mesmo a Praça Mauá, com seus marinheiros e camelôs, sente a transfiguração que é a vinda do sol depois de tanto frio.

O motorista põe o motor do carro para funcionar, e o ronco familiar aos meus ouvidos é como uma clarinada e uma promessa. De três dias de sossego e novos ares. Sorrio para quem ficar e alegro-me com quem vai.

O Monumento Rodoviário, Ribeirão das Lajes, Itatiaia e seus restaurantes de horrível comida e caríssima, Roseira, horrível comida também e caríssima. Como não chegasse a fadiga enorme, um passageiro na cadeira ao lado, longilíneo e sonolento, teima em repousar a cabeça oca no meu ombro desconhecido.

Arujá, Guarulhos, as fábricas ajardinadas, Pfizer, Duchen, o rio Tietê ondulado tristemente, num subdesenvolvimento nordestino.

Desta vez a entrada de São Paulo assusta. Sujeira, ruas esburacadas, abandono absoluto do portão de entrada da cidade que não pode parar. Dir-se-ia que penetro num burgo abandonado, entregue às moscas e à sua própria sorte.

Pela mão competente do motorista, o Cometa vai eliminando os obstáculos, removendo as barreiras de lixo encontrado pelo chão, esquecidas pela higiene e pela estética.

O Bom Retiro e os nomes pitorescos de suas fabriquetas; Flotarex, Boatex, Szalamatex, malhas e casacos pendurados às portas, igualzinho nos confins de Truscunhaem, na minha roça pernambucana.

De volta, ainda no lombo de um Cometa, prazer de que não abro mão, ponho talco nos braços quase devorados pelos robustos mosquitos paulistanos. Duas noites ficarão na minha memória, quando, indefesa, tive de enfrentar o poder das muriçocas alimentadas a alho e óleo.

Fanática por São Paulo, o progresso e sua mentalidade, desta vez entristeci, e contemplo, das janelas, os subúrbios cariocas pavimentados pela triunfal Av. das Bandeiras, a limpa, a avenida Atlântica, a rua sombreada de Ipanema onde moro.

E acho Lacerda cabra da peste. E o Rio, de novo, a Cidade Maravilhosa.

24 de setembro de 1964.

Será que elas gostam mesmo?

Sempre tive por William Holden uma paixão fatal. Uma não. Várias, inúmeras, múltiplas, todas. Ao vê-lo na tela, distante embora, vestido como poeirento vaqueiro ou na pele de alinhadíssimo cidadão nova-iorquino, como cantava Bocage, "me vão na alma negras paixões fervendo".

Agora, porém, leio um noticiário vindo de longe, que Mr. Holden endossa velho ditado britânico: "mulher, cachorro e castanheira, quanto mais se bate, melhor". E eu, que tinha tantos planos de amá-lo em Hong-Kong, onde é dono de cadeia radiofônica ou de hotéis, ou de não sei lá de quê. É dono de muitas coisas e ex-dono do meu coração. Ia embalar-me ao som daquela música, cientificando-me de que *love is a may splendored things*, eu própria transformada, eu eurasiana com sotaque de Pernambuco. William Holden, preso aos meus braços, não iria à missão de guerra nenhuma, e eu não ficaria lendo cartas de amor o resto de minha chorosa vida. Como a pobre da Jenifer Jones, coitada, suspirando na montanha cortada por ventos da tristeza eterna.

Eu tinha planos formidáveis para amar Mr. William Holden, assim que me sobrasse um pouquinho mais de tempo. Esqueceria que enjoo de navio e me arrancaria para os confins dos confins. Em meio ao "marinho furor", ainda do excelso Bocage.

Agora não vou mais não. Também, depois do que ele disse...

9 de outubro de 1964.

Antônio Maria

Que bobagem, Antônio Maria, você ter proclamado aos quatro ventos que "ninguém me ama, ninguém me quer". Eu amo você e você não sabia. Como nunca soube quem eu sou.

Eu sou uma sua conterrânea, que escutava a sua voz animada, nos bons tempos em que você era locutor, por desfastio, de futebol. Inteligentíssimo, espirituoso, lírico, era diferente, ao microfone da província, da sua, da nossa, PRA-8, Rádio Clube de Pernambuco. De família conhecida, Correia do Araújo, seu sangue se misturava ao de outros barões como os Santa Cruz. Tuneca Figueiredo, seu avô, era um nome a considerar, de modo que essa atração pelo rádio já era prenúncio da carreira que você seguiu.

"Guarda a rosa que te dei", foi uma canção que Elizete fez clássica e que me serviu de lenitivo, Antônio Maria, quando meu filhinho teve poliomielite. Elizete, a "divina", ofereceu-a certa noite, num programa de televisão, ao garoto enfermo, e por isso eu me considero hoje parente dela e de você também.

Um dia desses recortei um dos seus passeios sentimentais às nossas plagas nordestinas e senti assim uma emoção, um calor, uma coisa estranha e que, ultimamente, me acomete muito pouco. Era admiração pelo seu talento, Antônio Maria, e pelo seu coração. Fiquei, uns tempos, em estado de antoniomarianismo, numa espécie de estado de graça gamaleirense.

Hoje, o rádio me anuncia que o coração do pernambucano Antônio Maria parou. E que o enterro será às 16 horas. Não tenho coragem de ir lá. Guarde, Antônio Maria, as rosas que eu lhe dei sem você saber e nunca mais invente essas injustiças de que ninguém o ama. Nós todos o amamos e pedimos a Deus que guarde o menino grande no seu imenso sono sossegado.

16 de outubro de 1964.

Eu também

O anúncio diz que "moça escura, ótima referência, deseja colocar-se em casa de boa família para serviço leve, levando sua máquina de costura e uma cachorrinha de estimação". Concluindo: "Preferência casa, não apartamento".

É minha colega. Não digo de pigmentação cutânea, mas isto, Nossa Senhora me guarde, não tem a menor importância. Para mim, quer dizer. Talvez ela não me aceite como igual. Mas, como eu ia divagando, essa criatura é alma irmã da minha. *Mon semblable et ma soeur*, parafraseando, no feminino, a expressão de Baudelaire. Não sei se posso levar comigo ótimas referências. Só os outros é que opinam se presto ou não. Mas uns servicinhos leves, assim numa boa casa, como de minha mãe, antigamente, ou mesmo de qualquer uma de minhas tias, já me serviria.

Máquina de costura não adianta levar. Primeiro, porque não sei costurar. Depois, porque não tenho máquina. Só de escrever. Duas. Não creio que patroa alguma aceite doméstica com máquinas de escrever.

Cachorros, não tenho não. Posso levar dois filhinhos, uma senhorita de quase 14 anos, fã dos Beatles, de Agostinho dos Santos e outros astros dessa grandeza. E um admirador de Aizita e outras cabrochas que tais, de 9 anos idade. São bichinhos meus, no pernambucano sentido do termo.

Quanto ao problema habitacional, também tenho preferência por casa: detesto apartamento.

Paira, porém, pequena dúvida quanto à minha irmã em gostos: eu gostaria de arrumar um emprego de cozinheira. E ela?

19 e 20 de outubro de 1964.

Cecília Meireles e Lavoisier

Certa vez, numa conversa ao telefone, ela me perguntou:
— Você acredita ou não na teoria de Lavoisier?
Sem entender bem onde a poetisa queria chegar, silenciei.

Pessoa de temperamento sério, meditativo, distante da ironia e dos gracejos, logo entendi que tinha algo em mente e que se relacionava com a Eternidade. Achei prudente calar. Sua voz de inflexões graves, palavras bem escandidas, expunha a linha mestra do rumo interior que sempre a norteara.

— Eu acredito profundamente na verdade do que Lavoisier disse: nada se cria, nada se perde na Natureza. Tudo se transforma. Quando eu não estiver mais aqui entre vocês, isso não quer dizer que eu morri. Apenas me transformei. Numa flor, numa abóbora, numa estrela, num tronco de árvore, numa raiz...

Para distraí-la, brinquei:
— Ou numa ostra, ilustre conterrânea...
Aí ela riu:
— Não, numa ostra, não. Tenho horror a ostra...
Foi quando enveredei pela Índia, assunto de sua predileção:
— Como é maravilhosa a Índia! Você precisa ir lá um dia... Que gente pura, superior, os olhos muito negros, muito líquidos, revelando infinitas profundezas de alma. E como são dóceis, pacientes, aguentando as durezas desta vida porque sabem que, na outra, delícias os aguardarão. No meio da pobreza material enorme, os animais sagrados passeando junto dos homens, das mulheres, das crianças, eles mantêm uma pose de príncipes, cada indiano comportando-se diante da vida como uma *"alure"* senhorial. E o bom gosto na apresentação das comidas é também qualquer coisa de notável. Certa vez fui a um banquete nos jardins

de um marajá e as iguarias servidas nos jardins revestiam-se de uma camada prateada quase lunar. Os garçons se distinguiam pelo modo como atavam seus turbantes e, belissimamente trajados, estavam descalços. Com uma nobreza, digamos, real. Sem sapatos e de turbantes magnificamente elaborados, eram elementos vivos de uma magna paisagem.

22 de outubro de 1964.

Pesar por Cecília Meireles

Tanto a admirei, tanto a celebrei, tanto reconheci nela o Gênio, que ao ver sua cabeça de rainha descansando entre flores, no esquife, perco a fala, de pesar. E cedo-lhe a palavra, extraída de seu livro *Metal rosicler*, página 21:

"Ai, senhor, os cavalos são outros,
e o coche não pode rodar.
Nem já se encontra quem o conduzia,
quem se assente neste lugar.
Mas também os caminhos agora
não se sabe aonde é que vão dar.
Não há jardins de belos passeios,
e acabou-se o tempo do luar.
Não chegarão novos passageiros
para este coche secular:
nem solitários nem sonhadores
nem qualquer encantado par...

Hoje isto e um coche só de fantasmas,
sombra de véus e plumas no ar...

Quem chega aqui morre de riso!
Mas eu, senhor, morro de pesar..."

11 de novembro de 1964.

Pipocas

Sentado à minha frente, come pipocas. Pipocas frescas, quentes, meio queimadas e recém-urdidas pela fiel Dina, que adora. Numa *nonchalance* bem masculina, devora as pipocas sem ao menos dignar-se a olhá-las, pois estão no prato fundo para serem comidas.

– Também quero pipoca!

É a irmã que surge, estremunhada, de um sono profundo a vespertino.

– Quero tanta pipoca quantas você fez ele!

– Agora não tenho tempo. Vou fazer jantar...

Ele continua derrubando o monte de bolinhas inexpressivas, ressequidas e insípidas, novo motivo de uma guerra de Cem Anos.

– Por que é que eu não tenho pipoca também? Só ele, só ele...

A mão de dez anos, borrada de tinta, de restos de chocolate, enfia-se no morro de pipocas, folheia as páginas da revistinha onde se lê, em manchetes, que "ator sério não recusa fazer travesti". Nem mexe o açúcar que Dina põe dentro de sua xícara de chá, porque este já vem doce. Blusa não usa, porque é "bárbaro". Cabelo, só penteia para o lado, desprezando tudo quanto até agora se entendia por penteado e por estética de ordem capilar. Sapatos também foram relegados ao mais total esquecimento: anda de meias brancas, a esta altura já pretas.

O Corcovado de pipocas descreveu na ordem inversa da inflação brasileira. Restam algumas, chocas, tristes e humilhadas.

– Toma, você não queria pipoca? Está aqui...

– Ah, é? Isto não é pipoca: é lixo! Lixo é bom prá você.

Recomeçam as hostilidades, sem aviso prévio, num estalar de mastro de navio em tempestade de cinema.

A mão volta ao seu ofício de remexer no fundo do prato. Têm muito trabalho os dedinhos, porque há pouco o que catar. Um pouco de farelo queimado, uma pipoca doida, perdida na porcelana.

– Ô menino, você não vai fazer exame de Admissão? Vai estudar, diabo!

Dois olhos verdes me fitam, cacos de garrafa de cerveja.

– Já estudei tudo. E o exame é no dia 1 de dezembro.

21 de novembro de 1964.

Verão

Desta vez parece que chegou o fim das chuvas, da friagem, da escuridão e dessa vaga tristeza que envolve o Rio há tanto tempo.

Moças de cabelo solto, de sandálias, de maiô, de calças compridas, de cabeças expostas ao sol e à luz do dia azul, trazem clarinadas e enchem nossos corações de alegria. Até eu, que não sou triste, já me sentia melancólica dentro da bruma nórdica debruçada sobre a Guanabara.

Os ursinhos de pelúcia da Colombo fazem-me sinais e relembro o retrato em que posei, aos três anos, agarrada a um ursinho assim. Cestas de Natal, maravilhosas, pedindo para serem levadas, resplandecem nas vitrinas, e delas quase desprende o aroma dos vinhos, das conservas, o sabor das nozes e das avelãs carinhosamente arrumadas lado a lado.

É difícil resistir ao apelo dos vestidos, das bolsas, dos sapatos, das bijuterias, de todo esse infinito delicado que adorna as cariocas.

Sal, sol, mar, luz, cor, alegria: movimento – eis a paisagem de hoje, na véspera de outra semana igualmente carioca.

Nessa beleza tão cantada e ainda tão silenciosa, os problemas se diluem, se esgotam, se esvaem, perdendo os tons de alta dramaticidade e pungência. O "vai levando" é a nossa realidade maravilhosa.

13 de dezembro de 1964.

Córneas alheias

Leio nos jornais a notícia de que o prof. Hilton Rocha, oftalmologista de nomeada em Minas Gerais, trabalha, no momento, no aproveitamento da córnea de peixes, galinha e coelho na recuperação da vista humana. E tão bons foram os resultados desses experimentos, que até no exterior se fala disso.

Gostaria de enxertar novas córneas nos meus olhos embaçados de ver tanta coisa feia.

– A Sra. quer córnea de coelho, de galinha...

Bote córnea de peixe. De sioba!

Com córnea de sioba, passo a enxergar feito sioba. A avenida Copacabana, quatro horas de uma tarde de verão, seria, para mim, o fundo de um mar onde elegantes conterrâneas se transformariam em piscosos elementos. Do aumentativo, aliás, muito justificável, desceriam a peixinhos, revoluteando airosamente nas calçadas agora recobertas de sargaços e algas marinhas. A vidraça das vitrinas lembraria a delicada parede dos aquários, e os lotações e ônibus teriam para minhas córneas de sioba rubra, prestes a ser frita em fumegante, aspecto de baleias furibundas.

Ver o mundo de outro jeito, ajudada por córneas que, aliás, não veem nada.

Córnea de coelho talvez me acelerasse os pontos de vista.

Enquanto isto não ocorre, vou trocar de óculos.

29 de dezembro de 1964.

Churchill

É quando parecia tudo mal, os exércitos aliados recuando, os poucos aviões da RAF naquela peleja titânica em defesa da Grã-Bretanha, surgia o grande velho, charutão na boca, os dedos em V.

– "Não posso prometer-vos nada mais do que sangue, suor e lágrimas... Entretanto, não estou aqui para proceder à destruição do Império Britânico. Não descansaremos até que chegue a vitória final".

Grande Winston Spencer Churchill, que só fumava os charutos pela metade, usando-os mais como imagem de marca, de sua inconfundível marca de maior homem do século. Winston Spencer Churchill, que dorme agora o grande sono, até bem pouco, ao acordar, por volta do meio-dia, tinha como primeiro repasto, meia garrafa de *champagne* e uma perdiz bem assadinha...

Inventor do "*cordon sanitaire*" em torno da Rússia Soviética, não hesitou em sentar-se ao lado de Stalin quando a Inglaterra disso precisou. No vale-tudo pela Inglaterra, perdeu a idade, os preconceitos, o humano temor pela morte e a divina intuição pela vida.

– "Não estou aqui para proceder à destruição do Império Britânico. (*We will not surrender*)".

Não era nada mais do que um homem, entretanto era um Deus. O Deus da coragem e da luta.

20 de janeiro de 1965.

De boca em boca

De agora em diante, dizem as notícias de Nova York, as senhoras poderão dar a seus beijos o sabor de frutas frescas. Pois acaba de ser posto em circulação um novo tipo de batom, com gosto de produtos agrícolas variados.

Um dia, queridas amigas, beijaremos com ardores de hortelã-pimenta. E salve-se quem puder. Outro dia, maridinhos queridos, levaremos nos nossos lábios ciumentos a acre presença do limão. Verdadeiro ou galego. Um dia beijareis morangos. Outro dia, adejareis sobre groselha.

E quando inventarem batom assim à moda nordestina?

– Minha amada, odeio graviola! Compre outro batom...

– Chegue mais pra cá: maracujá é comigo!

Bocas de oifi-coró, lábios de coração-da-Índia, hálito de abacaxi-pico-de-rosa, aroma de cajá e tamarindo. Confesso que a ideia agora posta em prática, de mudar o olor de nossos ósculos, é de uma imaginação pastorial. Rescende a vergeis, a pomares, a clorofila, a ondulação de copas de arvoredo em plena floração.

Já dizia Buffon que "o estilo é o homem", e, para mim, o beijo do homem é o estilo.

Bacharelescamente falando, *"nihil est in intellectu quod prius non fuerit in sensu"*.

Nunca usarei tal batom. Minha boca é minha boca.

9 de agosto de 1965.

Domingo de Carnaval

Ao meio-dia em ponto começava o desfile. De tudo quanto era troço. O do Cachorro, do Homem, do Miúdo, o da Mamãe. Eu Quero Ser Besta, sombrinhas abertas ao sol escaldante do Recife em brasa.

– Não pense que estou triste, nem que vou chorar, vou cair no passo, que é de amargar!

Os corpos se contorciam em chãs-de-barriguinhas que falam a delícia de qualquer diretor de coreografia do Teatro Bolshoi. Da tesoura nem é bom falar, porque meninos e velhotes jamais se atemorizaram ante dobradiças moles ou auras demais.

– Vira vira, ola a virada, oi, vem cair no passo, moreninha do amor...

Viraram todos. Virava eu, virava a rua da Imperatriz, toda iluminada um mês antes do Carnaval, fios de luz percorrendo metros e metros acima de nossas cabeças assanhadas e adolescentes. Virava a rua Nova, a rua Imperial, a rua da Concórdia, a rua do Hospício, a praça Maciel Pinheiro.

– Se essa rua fosse minha, eu mandava ladrilhar, com pedrinhas de brilhante, para o meu amor passar...

O meu amor passava...Passavam todos os amores, porque tudo passa sobre a terra e, como diz o Livro Santo, tudo é pó e ao pó retornará.

Mas, antes que ao pó retornássemos, acompanhávamos o povo na sua maior folia, no seu mais completo divertimento, as mulheres enfeitadas de verdes, de vermelhos, de lamê, de lantejoulas, de sapatos de saltos altos, de vidrilhos, Marias Antonietas mulatas fazendo suar o Reis-Rol de cabeleira empoada sobre a carapinha.

– Vem cá, aquela menina, vem dançar nesta trocinha...

E aquela menina dançava. Com o seu povo, na melhor festa do mundo.

9 de fevereiro de 1966.

Entrevista com Sherlock

Revolve as brasas na lareira, depois ajeita a poltrona para mim. Senta ao meu lado, acende o cachimbo e espera que eu lhe faça perguntas. Cai a neve lá fora, espessa por cima dos carros, das árvores de Baker Street.

Indago o que acha da conduta da Princesa Margareth. Fica vermelho. As maçãs do seu rosto magro parecem que vão explodir.

– Não comento o que faz a Casa Real Britânica. E se fosse para falar, que diríamos do procedimento de Elizabeth Primeira?

Sherlock Holmes é um súdito leal. Sempre serviu, com dignidade, aos membros da Coroa Inglesa. Conseguiu reaver o adereço de berilos, dado "até a próxima segunda-feira", como penhor de um empréstimo de 50.000 libras. De um modo geral, tem se dado bem com a nobreza, que chega à sua casa arrancando os cabelos, dando pulos, batendo com a cabeça na parede. E até mesmo de máscara, como o titular da Casa de Ormstein, ou melhor, o Rei da Boêmia. Roubado por Irene Adler, a única pessoa que derrotou Sherlock Holmes. Para quem, segundo seu amigo e biógrafo, Dr. Watson, "ela sempre é *a* mulher".

– Sherlock Holmes, você não gosta das mulheres? Por quê?

– Quem foi que lhe disse isso? É que não sou galã da América Latina. Faço minhas coisas na moita, não boto a boca no trombone...

Mas bota a boca no gargalo da garrafa de cocaína. Além das injeções de morfina, mesma solução de sete por cento.

– O que é que você me diz do livro desse americano, misturando você, Freud e o Dr. Moriarty? Gostou?

Não responde. Olha para mim com aquele olhar gelado, do fundo do poço mortal. Depois levanta, vai até à estante junto à escrivaninha e traz de lá uma porção de livros.

— Tudo isso e muito mais foi escrito a meu respeito.

Eu e Freud, eu e os afgãs, eu e os colonizadores da Austrália, eu e os mórmons, e as cóleras sarapintadas. Bobagem. *Ego sum qui sum.*

Peço notícias de seus colegas, os detetives Grezson, Lestrade, cujos nomes estão sempre nos jornais. Vão bem. Estão às vésperas da aposentadoria, compraram terras na Nova Zelândia, vão criar carneiros e cavalos de corrida.

— E você?

— Meu cérebro odeia a estagnação. Deem-me problemas, trabalho, o mais abstruso criptograma ou a mais intrincada análise. Aí fico na minha. Abomino a insossa rotina de viver. Vivo com a exaltação mental.

Passamos em revista seus casos mais conhecidos. *O sinal dos quatro, O cão dos Baskerville, A aventura do carbúnculo azul.* Belos tempos, a Sra. Hudson cuidava da casa, o Dr. Watson largava a mulher, o consultório e o acompanhava, nos trens, nos cabriolés. Arrastando a perna ferida numa batalha do Afeganistão.

— A senhora aceita um conhaque? É francês. Foi o Barão W. de Rotschild quem mandou...

Não aceito o conhaque, não gosto de conhaque. Gosto mais do Barão W. de Rotschild.

Conto-lhe uma linda página literária, "Se eu fosse Rotschild", e isso lhe agrada. Se não fosse inglês e detetive, eu diria que se emocionou.

— Também temos os nossos pobres aqui em Londres. Isto é uma chaga universal.

Surpreendo-me com essa amostra de sensibilidade. É sempre tão frio, tão racional. Até mesmo as músicas que tocam, ao violino, são tão comedidas, tão virtuosísticas.

— Não sou máquina, Sra., tenho alma, tenho coração. Sofro a dor do meu semelhante, procuro ajudá-lo, não cobro a todos por igual. Muitas vezes nem recebo dinheiro. Tenho momentos alegres, momentos de depressão. Detesto as pessoas ambiciosas, meu nome nunca sai nos jornais. Aprecio o trabalho em si mesmo, o prazer de encontrar um campo ou de exercitar meus poderes peculiares. Esta é a minha maior recompensa.

Pergunto quem vai ganhar as eleições nos Estados Unidos. Ford, Reagan, Jackson...

– Essa nossa ex-colônia nos tem dado muito trabalho. Mas prefiro não falar. Falar é com o Dr. Watson.

Peço-lhe umas palavras finais.

– Sherlock Holmes, e essa brincadeira de Billy Wilder, mexendo com você e seu biógrafo?

Ele se levanta, beija minha mão, à guisa de despedida. E diz:

– Bobagem. Se eu prestasse atenção ao que se fala, já estaria morto há muito tempo.

Balada em louvor do charuto

François Villon fez uma balada para os enforcados. Por que não posso eu, na minha gritante obscuridade, fazer uma balada ao charuto?

Desde pequena, o charuto, o teu odor me persegue. O papai, que Deus guarde, amava-os, à sobremesa. Dava uma dentadinha na ponta de um muito escuro, mergulhava-o no café e depois deliciava-se, banhado num vapor de fumaça. De tão alegre, sempre me dava o anel do papel dourado que vinha em torno do anônimo charuto, em torno de ti, charutão. Meu querido chefe do escritório, venera-os. Dá também uma mordidinha menos gulosa do que a do meu gorducho pai, não mergulha o charuto no café, mas entra num estado de nirvanismo agudo, absoluto, enquanto perscruta o texto dos ofícios. O anelzinho não me dá, por que isto seria, digamos, o cúmulo.

Meu patrãozinho do jornal, além de muito gritador, idolatra charutos. Também ignoro a marca de seus encantamentos, mas o aroma, Hélas! É mais ou menos anestesiante como os outros, os do meu pai e os do meu caro chefe do já mencionado escritório. Os aneizinhos, não nos dá: eu roubo-lhos.

Várias inovações estão sendo feitas na nossa moderna codificação. Reformas e mais reformas desabam sobre nós: agrária, imobiliária, concessionária e tributária.

Falta a reforma charutária: a reavaliação do charuto, a pesquisa do mercado sobre Havana legítimo ou fidelissimamente falsificado, vetos ao abuso do charuto na cara de quem não o tolera.

Eu amo o charuto, adoro o charuto, idolatro o charuto. No ônibus, num navio, num dia quente, no meio de uma fila de cinema.

Por isso, ó charuto, dou-te, abaladíssima, a balada laudatória. Desculpa alguma incongruência: alguém está fumando um por perto.

As previsões

Havia de surgir alguém com boas relações no ambiente dos guardiões dos segredos do Destino para obter dados sobre o futuro do mundo enquanto correm os dias de 1949. Ontem a mui ilustre dama hindu Sindra Nagash falou aos jornais dando seus respeitáveis "palpites" sobre o amanhã do mundo. Primeiramente, os astros, e o globo de cristal transmitiu à pitonisa uma notícia de bom paladar: não haverá guerras este ano. Quando falamos em guerra, naturalmente, utilizamos os restritivos da senhora vidente, de que a guerra só merece ser assim chamada quando abala os alicerces do mundo e envolve as grandes nações dos continentes europeu e americano, porque, a não ser desta forma, não explicaríamos o vaticínio de paz em 1949, quando nestes primeiros dias continua a ser escutados o troar dos canhões chineses e o matraquear das metralhadoras árabes e judias, sem falar nas brigas nada incruentas dos costa-riquenhos e nicaraguenses.

Depois, o repórter quis saber notícias da política nacional. E a arguta hindu provou ser verdadeira. Viu na bola de vidro a situação tal qual se apresentará no ano de 1949: confusão, nuvens e mais nuvens encobrindo as verdadeiras intenções dos políticos. E brilho de dragonas ofuscando ao sol do Catete. Gaúchos no meio da encrenca. Tudo nublado, distante, confuso. Acreditamos piamente nas previsões da Madame Nagash. Em política, então, foi absolutamente verdadeira.

Livro composto em Times New Roman, com texto principal em corpo 11/14 pt, e impresso em papel *off-set* 75g/m², pela Sermograf, para a Editora Garamond, no inverno de 2011.